일본어 동화나라 시리즈 2

일본어 독해가 즐거워지는 세계명작 동화

황금자 지음
다이쿠 구미코 감수

동양북스

일본어 독해가 즐거워지는

세계 명작동화

초판 6쇄 | 2024년 8월 10일

지은이 | 황금자
감　수 | 다이쿠 구미코
발행인 | 김태웅
책임편집 | 길혜진, 이서인
디자인 | 남은혜, 김지혜
일러스트 | 유승진
마케팅 총괄 | 김철영
온라인 마케팅 | 김은진
제　작 | 현대순

발행처 | 동양북스
등　록 | 제 10-806호(1993년 4월 3일)
주　소 | 서울시 마포구 동교로22길 14 (04030)
구입문의 | 전화 (02)337-1737　팩스 (02)334-6624
내용문의 | 전화 (02)337-1762　dybooks2@gmail.com

ISBN 978-89-8300-634-9 14730
ISBN 978-89-8300-637-0 14730 (전 4권 세트)

머리말

독해실력을 올릴 수 있는 가장 좋은 방법은 무엇일까요? 다양하고 많은 문장을 읽고 또 읽어 보는 것일 겁니다. 그렇다면 그 많은 문장들이 딱딱하고 어려운 내용으로 되어 있는 것과 재미있으면서도 유익한 내용으로 되어 있는 것이 있다면 여러분께서는 어떤 독해교재를 고르시겠습니까?

답은 간단합니다. 이 책을 만든 이유도 마찬가지입니다. 여러분이 좀더 재미있는 내용으로 일본어 독해에 익숙해질 수 있도록, 그리고 쉽게 문법과 어휘를 습득할 수 있는 독해교재를 만들자는 목적으로 본 교재를 만들었습니다.

이야기책만큼 술술 읽고 넘어갈 수 있는 교재는 없습니다. 또한 내용면에서도 유익합니다. 지루함을 느낄 틈도 없이 어느새 이야기가 끝나있고 옛날이야기로 이루어진 독해를 한 페이지 한 페이지 읽어나가다 보면 자신도 모르게 독해실력이 쑥쑥 늘어나는 것을 느낄 수 있을 겁니다.

이 교재의 특징은

첫째, 오랜 세월 많은 사람들로부터 사랑받아 온 세계명작동화를 담고 있습니다. 어린 시절 누구나 읽어 봤을 법한 친숙하고 재미있는 10편의 이야기를 묶어서 초급, 중급, 고급 순으로 담아 여러분의 실력에 맞춰 공부할 수 있습니다.

둘째, 본문 하단에는 이야기에 나온 단어들을 정리하였고 본문 다음에는 중요한 문법표현과 본문이해를 돕기 위한 문제들도 수록했습니다. 모르는 단어가 나와도 당황하지 말고 차근차근 읽어가세요. 충분히 이해가 되었으나 미진하다고 생각되시는 분은 본 교재의 뒤편에 있는 이야기 해석을 통해 뜻을 확인해 보실 수 있습니다.

셋째, 이야기를 일본인 성우의 목소리를 통해 생동감 있게 녹음하여 마치 여러분 자신이 이야기 속에 들어가 있는 듯한 느낌을 드리고자 노력했습니다. 지루하지 않게 내용을 귀로도 익힐 수 있게 하였습니다.

그럼, 즐겁게 일본어 공부하세요. ^^

황금자

차례

일러두기

본문

재미있고 친숙한 동화를 일본어 원문으로 즐겁게 읽으며 해설과 대사를 통해 자연스럽게 구어체와 문어체를 동시에 습득할 수 있습니다. 막힘없이 이야기를 읽어내려 갈 수 있도록 본문 페이지 하단에 어휘 설명을 넣었으며, 초급·중급·고급, 단계별로 나누어 체계적으로 독해력을 향상시킬 수 있도록 구성하였습니다. 또한 한자가 먼저 눈에 들어올 수 있도록 독음을 글자 아랫부분에 배치하여 한자를 능숙하게 읽는 연습도 겸할 수 있습니다.

※ 번호와 색이 들어간 문장은 문형과 문법 파트에서 설명을 할 중요 문장입니다.

※ 오디오CD에서는 '고급'을 일본에서 주로 쓰이는 '상급(上級)'으로 발음하였습니다.

문형과 문법

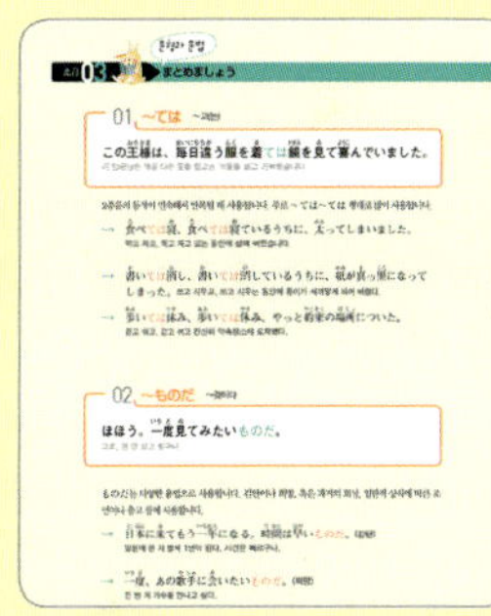

이야기 본문에 나오는 중요 문형과 문법을 설명하는 페이지입니다. 이야기 속에 나오는 문장과 실용적인 예문들을 반복하여 읽으며 자연스럽게 문법을 체득하고 문형과 문법의 구체적인 활용 및 쓰임새를 익혀 독해 실력을 크게 향상시킬 수 있습니다.

확인 문제

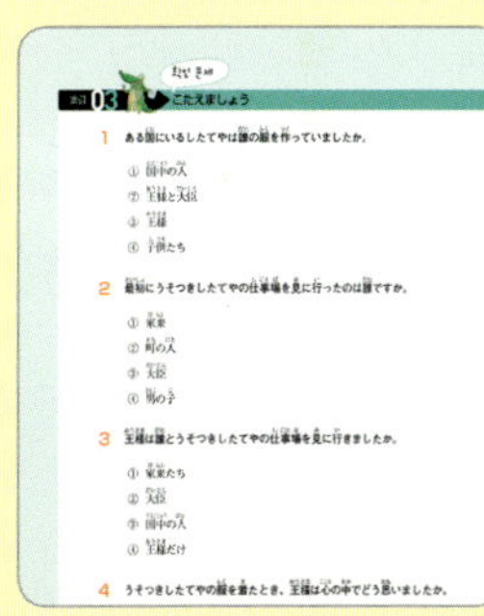

이야기 본문 내용을 제대로 이해하고 있는지 확인하고 학습한 내용을 복습할 수 있도록 이야기에 관련된 문제들을 객관식, 주관식으로 구성하였습니다. 문제를 스스로 풀어 보며 자신의 독해 실력을 체크해 볼 수 있는 코너입니다.

이야기 해석

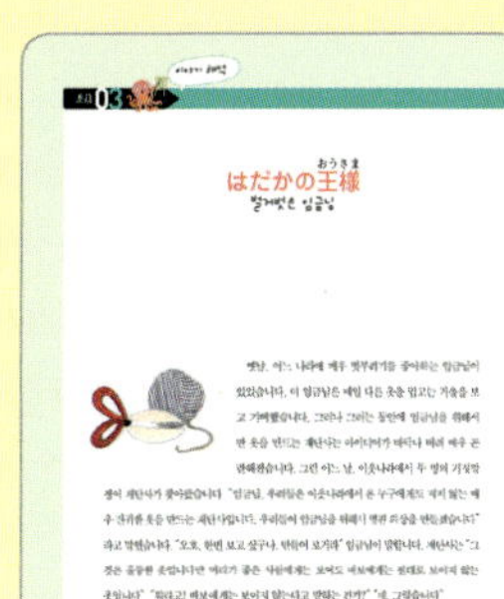

이야기 본문을 읽고 이해가 부족한 부분이 있거나 자연스럽게 문장을 읽어내려 갈 수 없을 때 참고할 수 있도록 책 뒷부분에 해석을 실었습니다.

본문

초급 01

ジャックとまめの木(き)

재크와 콩나무

昔、ある田舎にジャックという遊びが好きな男の子とお母さんが二人で住んでいました。家には牛が一頭いましたが、食べる物もなくなり生活がくるし[1]くなりました。それでお母さんが「ジャック、町に行ってこの牛を売ってきて。」と言いました。ジャックはすぐに牛を連れて出かけました。途中でひげの長いおじさんに会いました。おじさんは「ぼうや、このまめとその牛をかえないか。このまめはつるが空までのびるまほうのまめだよ。」と言いました。ジャックはまほうのまめと聞くとうれしくて、すぐその話を信じ[2]てしまいました。そして「まほうのまめだなんてすごいや。」と喜んで家に帰りました。お母さんにそのまめを見せると、お母さんは赤[1]くなって怒りました。「これからどうするの。おまえがそんなに頭が悪いとは思わなかったよ。」と言って、そのまめを窓から外に投げ捨ててしまいました。

낱말과 표현

まめ 콩 | 木 나무 | 昔 옛날 | ある～ 어떤, 어느 | 田舎 시골 | 遊び 놀이, 장난 | 住む 살다 | 牛 소 | 一頭 한 마리 | なくなる 없어지다 | 生活 생활 | くるしい 고되다, 곤란하다 | 町 마을 | 売る 팔다 | すぐに 곧, 금방 | 連れる 데려가다 | 出かける 나가다 | 途中 도중 | ひげ 수염 | おじさん 아저씨 | ～に会う ~를 만나다 | ぼうや 꼬마야 | かえる 바꾸다, 교환하다 | つる 덩굴 | 空 하늘 | のびる 자라다 | まほう 마법 | うれしい 기쁘다 | 信じる 믿다 | すごい 대단하다 | 喜ぶ 기뻐하다 | 見せる 보이다 | 赤くなる 얼굴이 빨개지다 | 怒る 화내다 | おまえ 너 | 頭 머리 | 悪い 나쁘다 | 窓 창문 | 外 밖 | 投げ捨てる 던져 버리다

しかし次の朝、外を見てみると、捨てたまめからつるが空高くまでのびていたのです。ジャックは「やっぱりおじさんの言ったことは本当だったんだ。まほうのまめだ。」と言ってすぐ外に飛び出し、つるにつかまりどんどん登って行きました。雲の上にある広い道を歩いて行くと、大きな家に着きました。その玄関には大きな女の人が立っていました。女の人はジャックを見ると、びっくりした顔で言いました。「ぼうや、どうやってここに来たの。主人が帰って来たら大変よ。すぐに食べられ[2]てしまうから早く帰り[3]なさい。」と言いました。女の人は鬼の奥さんだったのです。ジャックは「朝から何も食べてないから動けないんだ。逃げる[4]なら食べられたほうがいいよ。」と答えました。やさしい奥さんは、パンとスープをジャックにあげました。ジャックが「おいしいなあ。本当においしいなあ。」と食べていると、ドシンドシンという音が聞こえてきました。奥さんはびっくりして「まあ、大変。主人が帰って来てしまったわ。」と言うとすぐにジャックを箱の中に入れました。

낱말과 표현

次の朝 다음 날 아침 | **捨てる** 버리다 | **空高く** 하늘 높이 | **やっぱり** 역시 | **本当** 정말, 진짜 | **飛び出す** 뛰어나가다 | **つかまる** 붙잡다 | **どんどん** 척척, 슥슥 | **登る** 오르다 | **雲** 구름 | **広い** 넓다 | **道** 길 | **歩く** 걷다 | **~に着く** ~에 도착하다, 닿다 | **玄関** 현관 | **立つ** 서다, 서 있다 | **びっくりする** 놀라다 | **顔** 얼굴 | **どうやって** 어떻게 | **主人** 남편 | **大変** 큰일 | **鬼** 도깨비 | **奥さん** 아내 | **動く** 움직이다 | **逃げる** 도망치다 | **答える** 대답하다 | **やさしい** 상냥하다 | **パンとスープ** 빵과 수프 | **あげる** 주다 | **ドシンドシン** 쿵쿵 | **音が聞こえる** 소리가 들리다 | **箱** 상자 | **入れる** 넣다, 들어가게 하다

お腹が空いた鬼は、家に帰るとすぐ牛をあっという間に食べ[2]てしまい、今度はテーブルの上に金のハープをのせました。そして「さあ、私のために歌を歌うんだ。」と言うと、金のハープが一人で歌いはじめたのです。喜んだ鬼はしばらくして寝はじめました。その間にジャックは箱から飛び出し、「今だ。」と言って金のハープをだいて逃げました。するとハープが「ご主人様。ご主人様。男の子が私を持って逃げて行きますよ。」と大きな声で言いました。その声に鬼が飛び起きてジャックを追いかけました。「こら、待て。泥棒。」ジャックは登ってきたまめのつるを、今度はスルスルと降りました。そして下に着くと、下からジャックを見ていたお母さんが持ってきた斧で、力いっぱいつるを切りました。鬼はそのまま空からドシーンと下に落ちてしまいました。

낱말과 표현

お腹が空く 배가 고프다 | あっという間に 눈 깜짝할 사이에 | 今度 이번 | テーブル 테이블 | 金のハープ 금 하프 | のせる 올려놓다 | 〜のために 〜를 위해서 | 歌いはじめる 노래 부르기 시작하다 | しばらくして 잠시 지나서 | 寝はじめる 자기 시작하다 | だく 안다, 품다 | すると 그러자 | ご主人様 주인님 | 飛び起きる 벌떡 일어나다 | 追いかける 뒤쫓아가다 | 待つ 기다리다 | 泥棒 도둑 | スルスル 주르르 | 降りる 내려오다 | 斧 도끼 | 力いっぱい 온 힘을 다해, 있는 힘껏 | 切る 베다, 자르다 | そのまま 그대로 | ドシーン 쿵 | 落ちる 떨어지다

초급 01 

まとめましょう

01 ～くなる ～게 되다

• 食(た)べる物(もの)もなくなり生活(せいかつ)がくるしくなりました。
먹을 음식도 없어져 생활이 어려워졌습니다.

• お母(かあ)さんにそのまめを見(み)せると、お母(かあ)さんは赤(あか)くなって怒(おこ)りました。
어머니에게 그 콩을 보여 드리자, 어머니는 얼굴이 빨개지며 화를 냈습니다.

なる는 주어의 상태가 어떤 상태로 변화되었음을 보여 주는 표현입니다.

접속은 い형용사 어간＋くなる입니다.

…› 息子(むすこ)は大(おお)きくなりました。 아들은 크게 자랐습니다.

…› 中級(ちゅうきゅう)ぐらいになると、日本語(にほんご)も難(むずか)しくなりました。
중급 정도가 되면 일본어도 어려워집니다.

…› １０月(じゅうがつ)に入(はい)って、すずしくなりました。 10월에 접어들어 선선해졌습니다.

02 ～てしまう ～해 버리다

• ジャックはまほうのまめと聞(き)くとうれしくて、すぐその話(はなし)を信(しん)じてしまいました。
재크는 마법의 콩이라고 듣고는 기뻐서 금방 그 이야기를 믿어 버렸습니다.

• 主人(しゅじん)が帰(かえ)って来(き)たら大変(たいへん)よ。すぐに食(た)べられてしまうから早(はや)く帰(かえ)りなさい。
남편이 돌아오면 큰일나. 그 즉시로 잡혀먹혀 버릴 테니까 어서 돌아가렴.

• 鬼(おに)は、家(いえ)に帰(かえ)るとすぐ牛(うし)をあっという間(ま)に食(た)べてしまい、
도깨비는 집에 돌아오자 바로 소를 눈 깜짝할 사이에 먹어 치우고는,

완료를 나타내는 표현으로 ~てしまう가 있습니다. 書く、読む、話す 등 의지동사가 와서 완료를 나타내는데, 의지동사라는 것은 주어의 의지에 의한 동작을 나타내는 동사랍니다.

- 徹夜して報告書を全部やってしまいました。
  철야해서 보고서를 전부 끝내 버렸습니다.

- 昨日買ったビールを一本も残らず、飲んでしまいました。
  어제 산 맥주를 한 병도 남기지 않고 마셔 버렸습니다.

- この小説はとてもおもしろかった。それでその場で全部読んでしまった。
  이 소설은 매우 재미있었다. 그래서 그 자리에서 전부 읽어 버렸다.

03 ~なさい ~하세요, ~하렴

主人が帰って来たら大変よ。すぐに食べられてしまうから早く帰りなさい。
남편이 돌아오면 큰일나. 그 즉시로 잡혀먹혀 버릴 테니까 어서 돌아가렴.

가벼운 명령표현으로 동사의 ます형 + なさい입니다. 어른이 아이에게, 혹은 윗사람이 아랫사람에게 사용합니다.

- 部屋を片付けなさい。
  방을 정리하세요.

- この風邪薬はご飯の後、飲みなさい。
  이 감기약은 밥먹은 후 먹으렴.

- 食事の前には手をきれいに洗いなさい。
  식사 전에는 손을 깨끗히 씻으렴.

- 好き嫌いはよくありません。残さないで全部食べなさい。
  편식은 좋지 않아요. 남기지 말고 전부 먹어요.

04 ~なら ~라면

逃げるなら食べられたほうがいいよ。

도망칠 바에 잡혀먹히는 편이 나아요.

충고나 의견을 나타낼 때 사용합니다. '~라면, ~한다면'이라고 해석하고 명사 혹은 동사의 기본형 + なら의 형태로 사용합니다.

→ 温泉なら露天風呂がいいです。
온천이라면 노천온천이 좋습니다.

→ スポーツなら、野球とかサッカーが好きです。
스포츠라면 야구나 축구를 좋아합니다.

→ デジカメを買うなら、インターネットで調べるのが一番いいです。
디지털카메라를 살 거라면 인터넷으로 조사하는 것이 제일 좋아요.

→ 海外旅行に行くなら、旅行者保険に加入したほうがいいです。
해외여행에 갈 거라면 여행자보험에 가입하는 편이 좋습니다.

초급 01 

확인 문제

こたえましょう

1 ジャックはどんなおじさんに会(あ)いましたか。

① 年(とし)をとったおじさん

② ひげの長(なが)いおじさん

③ とても怖(こわ)いおじさん

④ 鬼(おに)のおじさん

2 おじさんからもらったまめは次(つぎ)の朝(あさ)どうなっていましたか。

① つるが空高(そらたか)くまでのびていた

② 大(おお)きな家(いえ)になっていた

③ パンとスープに変(か)わっていた

④ 牛(うし)に変(か)わっていた

3 雲(くも)の上(うえ)の大(おお)きな家(いえ)にいた女(おんな)の人(ひと)は誰(だれ)ですか。

① 金(きん)のハープで歌(うた)う人(ひと)

② お母(かあ)さんの友達(ともだち)

③ ジャックの友達(ともだち)

④ 鬼(おに)の奥(おく)さん

4 雲(くも)の上(うえ)の大(おお)きな家(いえ)にいた女(おんな)の人(ひと)はジャックに何(なに)をあげましたか。

① パンとスープ

② 金(きん)のハープ

③ まめのつる

④ 斧(おの)

5 ジャックは箱の中からいつ逃げ出しましたか。

① 金のハープが歌を歌っているとき
② 鬼が歌を歌っているとき
③ 鬼が寝はじめたとき
④ 鬼が牛を食べているとき

6 お母さんはどうしてジャックに「牛を売ってきて」と言いましたか。

7 お母さんはジャックからもらったそのまめをどうしましたか。

8 大きな家の女の人が「早く帰りなさい」と言ったとき、ジャックは何と答えましたか。

9 なぜ金のハープは一人で歌いはじめましたか。

10 どうして、鬼は空から落ちてしまったんですか。

초급 02

マッチ売(う)りの少女(しょうじょ)

성냥팔이 소녀

１２月３１日。雪の降る静かな夜でした。一人の少女が町でマッチを売っていました。道を歩いている人に「マッチはどうですか。マッチです。」と大きな声で言いました。一日中立っていても誰も買ってくれません。雪の中を人々は急いで家に帰って行きます。あちこちの家に火がつき、おいしいごちそうのにおいがしました。少女は「ああ、足が痛くて寒い。早く家に帰りたいな。お腹も空いたなあ。」と疲れてある家の玄関に座りました。「もう動けない。でも早くマッチを売らないとみんな帰ってしまうわ。」

낱말과 표현

マッチ 성냥 | 売る 팔다 | 少女 소녀 | 雪が降る 눈이 내리다 | 静か 조용함 | 夜 밤 | 町 마을, 번화한 거리 | 道 길, 거리 | 歩く 걷다 | 大きな 커다란 | 声 목소리 | 一日中 온종일 | 立つ 서다, 서 있다 | 誰も 아무도 | 買う 사다 | 人々 사람들 | 急ぐ 서두르다 | あちこち 여기저기 | 火がつく 불이 켜지다 | おいしい 맛있다 | ごちそう 진수성찬 | においがする 냄새가 나다 | 足 발, 다리 | 痛い 아프다 | 寒い 춥다 | 早く 빨리 | お腹が空く 배가 고프다 | 疲れる 지치다, 피곤하다 | 玄関 현관 | 座る 앉다 | 動く 움직이다

少女はゆっくり立ち上がるとまた[1]歩きはじめました。雪はどんどん[1]降りつづけ、少女の髪まで[2]真っ白になりました。どの家からも明るい声が聞こえ、ごちそうを食べて喜んでいる笑い声が聞こえてきました。少女は「ああ、私も暖かいお部屋でお腹いっぱいごちそうが食べてみたい。私にも昔はそんなときがあったのに。このマッチを一本すったら少しは暖かくなるかな。」と言ってシュッとマッチをすりました。するとマッチの火の後ろに大きなストーブがあらわれました。「あ、暖かい。これで少し暖かくなるわ。」とうれしそうに言いました。そのストーブの近くに行こうとすると、ストーブはあっという間に目の前から消えてしまいました。そして少女の手には燃えたマッチだけが残りました。少女はもう一本マッチをすりました。シュッ。今度は火の中に鳥の丸焼きがあらわれました。とても熱くておいしそうです。「まあ、おいしそう。やっと食べられるわ。」と言って食べようとすると、マッチがもえついて鳥の丸焼きも消えてしまったのです。

낱말과 표현

ゆっくり 천천히 | **立ち上がる** 일어서다 | **また** 또, 또다시 | **どんどん** 자꾸자꾸 | **髪** 머리카락 | **明るい** 밝다 | **聞こえる** 들리다 | **喜ぶ** 기뻐하다 | **笑い声** 웃음소리 | **暖かい** 따뜻하다 | **お部屋** 방 | **お腹いっぱい** 배가 부르게 | **昔** 옛날 | **する** (성냥을) 긋다 | **少し** 조금, 좀 | **後ろ** 뒤 | **ストーブ** 스토브, 난로 | **あらわれる** 나타나다 | **近く** 근처 | **あっという間に** 눈 깜짝할 사이에 | **消える** 사라지다 | **そして** 그리고 | **燃える** 타다 | **残る** 남다 | **もう** 더, 그 위에 또 | **今度** 이번, 이 다음 | **鳥の丸焼き** 통닭구이 | **とても** 매우, 대단히 | **熱い** 뜨겁다 | **やっと** 겨우, 간신히 | **もえつく** 불이 붙다, 불이 번지다

女の子はもう一本マッチをすりました。するとマッチの火が大きく揺れてたくさんのろうそくとかざりがついたきれいなクリスマスツリーが目の前にあらわれました。「わあ。こんなすてきなツリーは初めて。きれい。」と言って手をのばすと、ツリーも消えてしまいました。でもろうそくの火だけは大きくなって空高くのぼっていきました。そして長い光の川となり、その後星になりました。少女は「まあ、本当にきれいだわ。」となみだを流しながら見ていると、流れ星を見つけました。「あ、流れ星。今夜も誰かが死んだのね。」少女は昔おばあさんが教えてくれた話を思い出しました。「星が流れるときは、人の心が神様のところに帰るんだよ。」

낱말과 표현

揺れる 흔들리다 | **ろうそく** 양초 | **かざりがつく** 장식이 달리다 | **クリスマスツリー** 크리스마스 트리 | **すてき** 아주 멋짐 | **初めて** 처음 | **きれい** 예쁨 | **手をのばす** 손을 뻗다 | **空高く** 하늘 높이 | **のぼっていく** 올라가다 | **長い** 길다 | **光** 빛 | **川** 강 | **その後** 그 후 | **星** 별 | **本当に** 정말로 | **なみだを流す** 눈물을 흘리다 | **流れ星** 별똥별 | **見つける** 발견하다 | **今夜** 오늘 밤 | **死ぬ** 죽다 | **教える** 가르치다 | **思い出す** 생각해 내다 | **流れる** 흐르다, 흘러가다 | **心** 마음 | **神様のところ** 하느님이 계신 곳

少女はもう一本マッチをすりました。すると火の中に笑っているおばあさんがあらわれました。「あ、おばあさん。私も一緒に行きたいわ。あの空に行くんでしょう。」と少女は大きな声で言いました。おばあさんが消えない[3]ように残りのマッチを全部すりました。「これでずっとおばあさんと一緒にいられるのね。」と言いました。火が大きくなり、おばあさんが少女の手を取りました。そのまま二人は光の中を空高く上がっていきました。少女はむねがいっぱいになり幸せそうに目をとじました。次の朝になり、町の人たちは玄関に倒れている少女を見つけました。少女はもう冷たくなっていました。でも少女の顔は、幸せな夢を見ながら眠っているようでした。町の人たちは、心から少女のめいふくをいのりました。

낱말과 표현

笑う 웃다 | **おばあさん** 할머니 | **一緒に** 함께 | **残り** 남은 것, 나머지 | **全部** 전부 | **これで** 이것으로 | **ずっと** 쭉, 계속 | **いられる** 있을 수 있다 | **手を取る** 손을 잡다 | **そのまま** 그대로 | **上がっていく** 올라가다 | **むねがいっぱいになる** 가슴이 벅차오르다 | **幸せそうに** 행복한 듯이 | **目をとじる** 눈을 감다 | **次の朝** 다음 날 아침 | **人たち** 사람들 | **倒れる** 쓰러지다 | **もう** 이미, 벌써 | **冷たい** 차갑다 | **顔** 얼굴 | **幸せ** 행복 | **夢を見る** 꿈을 꾸다 | **眠る** 잠자다 | **めいふくをいのる** 명복을 빌다

まとめましょう

01 복합동사

- 少女(しょうじょ)はゆっくり立(た)ち上(あ)がるとまた**歩(ある)きはじめました**。
  소녀는 천천히 일어나서 또 걷기 시작했습니다.

- 雪(ゆき)はどんどん**降(ふ)りつづけ**、少女(しょうじょ)の髪(かみ)まで真(ま)っ白(しろ)になりました。
  눈은 자꾸자꾸 내려 소녀의 머리까지 새하얗게 되었습니다.

동사의 ます형+동사의 형태로 진행이나 완료, 또는 개시의 표현을 만들 수 있습니다. 이런 동사들을 복합동사라고 합니다.

동사의 ます형+つづける : 계속 ~하다

…› 昨日(きのう)から雨(あめ)が**降(ふ)りつづけています**。
어제부터 비가 내리고 있습니다.

…› 長(なが)い間(あいだ)ゲームを**しつづけていると**、目(め)や肩(かた)が痛(いた)くなります。
긴 시간 게임을 계속하고 있으면 눈과 어깨가 아파집니다.

…› ここは私(わたし)が２０年間(にじゅうねんかん)**働(はたら)きつづけた**会社(かいしゃ)です。
여기는 내가 20년간 계속 일해 온 회사입니다.

동사의 ます형+だす : (갑자기) ~하기 시작하다

…› 妹(いもうと)はその手紙(てがみ)を見(み)ると、急(きゅう)に**泣(な)き出(だ)しました**。
여동생은 그 편지를 보자 갑자기 울기 시작했습니다.

…› 急(きゅう)に空(そら)が暗(くら)くなって、雨(あめ)が**降(ふ)り出(だ)しました**。
갑자기 하늘이 어두워져서 비가 내리기 시작했습니다.

…› 犯人(はんにん)は警察官(けいさつかん)を見(み)て、**走(はし)り出(だ)しました**。
범인은 경찰관을 보고 달리기 시작했습니다.

문형과 문법

초급 02 まとめましょう

동사의 ます형+はじめる : ~하기 시작하다

⋯▸ 日本語を習いはじめて、一年になりました。
일본어를 배우기 시작해 1년이 되었습니다.

⋯▸ 3月になって、桜の花が咲きはじめました。
3월이 되어서 벚꽃이 피기 시작했습니다.

⋯▸ この本はおもしろくて、読みはじめたら手からはなせない。
이 책은 재미있어서 읽기 시작하면 손에서 뗄 수 없다.

동사의 ます형+終わる : ~하는 것이 끝나다, 다 ~하다

⋯▸ ご飯を食べ終わったら、皿洗いを手伝ってください。
밥을 다 먹으면 설거지를 도와주세요.

⋯▸ パソコンを使い終わったら、電源を切りましょう。
컴퓨터는 다 사용하면 전원을 끕시다.

⋯▸ 昨日、レポートを書き終わった。
어제 레포트를 다 썼다.

동사의 ます형+すぎる : 너무 ~하다, 지나치게 ~하다

⋯▸ 食べすぎると太ります。
과식하면 살찝니다.

⋯▸ お酒を飲みすぎて、胃がむかむかします。
과음해서 위가 메슥메슥합니다.

⋯▸ 彼は働きすぎて、体をこわしました。
그는 과로해서 건강을 해쳤습니다.

02 真~ 아주, 완전히

雪はどんどん降りつづけ、少女の髪まで真っ白になりました。
눈은 자꾸자꾸 내려 소녀의 머리까지 새하얗게 되었습니다.

강조하는 표현으로 [真~]는 색채나 위치, 상태 등을 강조합니다.

真っ赤(새빨강)、真っ青(새파랑)、真っ白(새하얌)、真っ黒(새까맘)

真上(바로 위)、真下(바로 아래)、真向かい(바로 정면)

真っ裸(알몸)、真っ最中(한창 ~할 때)

···▸ お酒を飲むと、顔が真っ赤になるので困ります。
술을 마시면 얼굴이 새빨개지기 때문에 곤란합니다.

···▸ 真向かいになって話します。
정면으로 앉아서 이야기합니다.

03 ~ように ~하도록

おばあさんが消えないように残りのマッチを全部すりました。
할머니가 사라지지 않도록 남은 성냥을 전부 켰습니다.

어떤 목적을 위해 뭔가를 할 경우에 사용합니다. 동사의 ない형 + ように, 동사 사전형 혹은 동사 가능형 + ように의 형태로 사용합니다. (*동사 사전형=동사 기본형)

···▸ みんなに聞こえるように、大声で歌を歌います。
모두에게 들리도록 큰 소리로 노래를 부릅니다.

···▸ 試合に勝てるように、毎日練習しています。
시합에서 이길 수 있도록 매일 연습하고 있습니다.

···▸ 忘れないようにメモをしておきます。
잊지 않도록 메모를 해 둡니다.

확인 문제

초급 02 こたえましょう

1 どんな夜でしたか。

① 静かな

② にぎやかな

③ すてきな

④ きれいな

2 少女は何を売っていましたか。

① ハナ

② パン

③ マッチ

④ タバコ

3 マッチをするとどんなツリーがあらわれましたか。

① おもちゃがついた

② ろうそくとかざりがついた

③ 人形がついた

④ 食べ物がついた

4 この中で、少女が最後に火の中で見たのは何ですか。

① 鳥の丸焼き

② 大きなストーブ

③ クリスマスツリー

④ 流れ星

5 次の朝、少女はどうなっていましたか。

① 冷たくなっていました

② 有名になっていました

③ きれいになっていました

④ 温かくなっていました

6 少女は疲れてどこに座りましたか。

7 最初に少女がマッチを一本すったら何があらわれましたか。

8 少女は流れ星を見ながら何と言いましたか。

9 最後にマッチの火の中で誰があらわれましたか。

10 次の朝、少女はどんな顔をしているようでしたか。

초급 03

はだかの王(おう)様(さま)

벌거벗은 임금님

昔、ある国にとてもおしゃれな王様がいました。この王様は、毎日違う服を着[1]ては鏡を見て喜んでいました。しかしそのうちに、王様のためだけに服を作るしたてやは、アイディアがなくなってしまい、大変困ってしまいました。そんなある日、隣の国から二人のうそつきしたてやが来ました。「王様、私たちは隣の国から来た誰にも負けない、とても珍しい服を作るしたてやです。私たちが王様のためにすばらしい服を作ります。」と言いました。「ほほう。一度見てみたい[2]ものだ。作ってみろ。」と王様が言いました。したてやは「それはすばらしい服ですが、頭のいい人には見えてもばかにはぜったいに見えない服なんです。」「何だと! ばかには見えないと言うのか。」「はい、そうなんです。」

낱말과 표현

はだか 벌거숭이, 알몸 | 王様 임금님, 왕 | おしゃれ 멋부림, 멋쟁이 | 毎日 매일 | 違う 다르다 | 服を着る 옷을 입다 | 鏡 거울 | 喜ぶ 기뻐하다 | しかし 그러나 | そのうちに 그러는 동안에 | ~のため ~를 위해 | したてや 재단사 | アイディア 아이디어 | なくなる 없어지다 | 大変 매우, 몹시 | 困る 곤란하다 | そんなある日 그러던 어느 날 | 隣の国 이웃나라 | うそつき 거짓말쟁이 | 私たち 우리들 | 誰にも 누구에게도 | 負ける 지다, 패배하다 | 珍しい 진귀하다, 드물다 | すばらしい 멋지다, 훌륭하다 | 一度 한 번 | 頭 머리 | いい 좋다 | 見える 보이다 | ばか 바보 | ぜったいに 절대로

王様はそれを聞くととてもほしくなり、すぐにその服を作るように言いました。二人のうそつきしたてやは朝から晩までカッタンカッタンと洋服を作るふりをしました。王様は作っているところが見たくなり、大臣にしたてやの仕事場を見に行かせました。しかし、洋服などどこにもありません。大臣はびっくりしましたが、ばかだと思われたくないので「やあ。 仕事はうまくいっているか。ほほう。きれいにできそうだな。」と大きな声でほめました。「王様がこれを見られたら、きっと⁴気に入られますよね。大臣様。」としたてやが言うと、大臣は「そう、そうだな。」と言いました。仕事場を出た後、大臣はすぐに王様のところに行きました。「王様、私はあんなすばらしい服は初めて見ました。本当にびっくりしました。」それを聞いた王様はがまんができなくなって家来たちと仕事場を見に行きました。したてやは「王様、いかがですか。すてきでしょう。」と言うと、家来たちもみんな「わあ。早くこの服を着た王様が見たいものです。」と何も見えないのに言いました。もちろん王様も何も見えません。しかしばかだと思われたくないので、あせをかきながら言いました。 「早く着たいものだ。楽しみにしているぞ。」と言って帰って行きました。

낱말과 표현

ほしい 원하다 | すぐに 바로, 금방 | カッタンカッタン 덜컥덜컥 | 洋服 양복 | ふりをする 시늉을 하다 | 大臣 대신 | 仕事場 일터, 작업장 | 行かせる 가게 하다 | しかし 그러나 | ～など ~등 | びっくりする 깜짝 놀라다 | 思われる 생각되다 | うまくいく 잘 되다 | できる 완성되다, 만들어지다 | ほめる 칭찬하다 | きっと 반드시 | 気に入られる 마음에 드시다 | 初めて 처음으로 | がまんができない 참을 수 없다 | 家来たち 신하들 | すてき 아주 멋짐, 훌륭함 | もちろん 물론 | あせをかく 땀을 흘리다 | 楽しみにする 기대하다

数日後、二人のうそつきしたてやは「やっとできあがりました。ご覧ください。」と言って服を王様に届けに来ました。しかしその服は誰にも見えません。王様は「本当にすばらしい。」とほめました。しかし心の中では「みんな見えると言うのに私だけ見えない[3]なんて。」とかなしくなりました。王様は鏡の前ではだかになりました。そして服を着るふりをしました。うそつきしたてやも服を着せるふりをしてうれしそうに言いました。「国中の人がこれを見たらとてもびっくりするでしょう。きっと今まで見たこともない服だ、すばらしいと言いますよ。」

낱말과 표현

数日後 며칠 후 | **やっと** 겨우, 가까스로 | **できあがる** 다 만들어지다, 완성되다 | **ご覧** (**見る**의 높임말) 보심 | **届ける** 보내다, 전하다 | **心** 마음 | **かなしい** 슬프다 | **着せる** (의복 등을) 입히다 | **うれしそうに** 기쁜 듯이 | **国中** 온나라

王様の珍しい服のうわさが国中に広まりました。そしていよいよ王様が町にやって来ました。王様は「こんなに軽くて涼しい服は始めてだ。ああ、鳥になったようだ。」と言いました。ばかだと思われたくない町の人たちはパンツ一枚になったはだかの王様を見てみんなほめました。すると道を歩く王様を見た一人の男の子が大きな声で言いました。「あ、王様がはだかで歩いてる。パンツ一枚のはだかの王様だ。おもしろい。」それを見ていた人たちはみんな笑い出しました。「そうだ。やっぱり王様ははだかだ。したてやがうそをついたんだ。」と言う声も聞こえました。何も知らない王様はうれしそうにしろに帰って行きました。

낱말과 표현

うわさ 소문 | **広まる** 널리 퍼지다 | **いよいよ** 마침내 | **町** 마을, 거리 | **やって来る** 오다, 찾아오다 | **こんなに** 이렇게 | **軽い** 가볍다 | **涼しい** 시원하다 | **鳥** 새 | **パンツ** 팬츠, 속옷 | **一枚** 한 장 | **すると** 그러자 | **歩く** 걷다 | **おもしろい** 재미있다 | **笑い出す** 웃기 시작하다 | **やっぱり** 역시 | **うそをつく** 거짓말을 하다 | **何も** 아무것도 | **知る** 알다 | **しろ** 성, 궁궐

01 ～ては ～고(는)

この王様(おうさま)は、毎日(まいにち)違(ちが)う服(ふく)を着(き)ては鏡(かがみ)を見(み)て喜(よろこ)んでいました。

이 임금님은 매일 다른 옷을 입고는 거울을 보고 기뻐했습니다.

2종류의 동작이 연속해서 반복될 때 사용합니다. 주로 ～ては～ては 형태로 많이 사용합니다.

···› 食(た)べては寝(ね)、食(た)べては寝(ね)ているうちに、太(ふと)ってしまいました。
먹고 자고, 먹고 자고 있는 동안에 살쪄 버렸습니다.

···› 書(か)いては消(け)し、書(か)いては消(け)しているうちに、紙(かみ)が真(ま)っ黒(くろ)になってしまった。 쓰고 지우고, 쓰고 지우는 동안에 종이가 새까맣게 되어 버렸다.

···› 歩(ある)いては休(やす)み、歩(ある)いては休(やす)み、やっと約束(やくそく)の場所(ばしょ)についた。
걷고 쉬고, 걷고 쉬고 간신히 약속장소에 도착했다.

02 ～ものだ ～것이다

ほほう。一度(いちど)見(み)てみたいものだ。

오호, 한 번 보고 싶구나.

ものだ는 다양한 용법으로 사용합니다. 감탄이나 희망, 혹은 과거의 회상, 일반적 상식에 따른 조언이나 충고 등에 사용합니다.

···› 日本(にほん)に来(き)てもう一年(いちねん)になる。時間(じかん)は早(はや)いものだ。(감탄)
일본에 온 지 벌써 1년이 된다. 시간은 빠르구나.

···› 一度(いちど)、あの歌手(かしゅ)に会(あ)いたいものだ。(희망)
한 번 저 가수를 만나고 싶다.

···› 子供(こども)のころ、よくここで遊(あそ)んだものだ。(과거의 회상)
아이 적에 자주 여기서 놀곤 했다.

···› 秩序(ちつじょ)は守(まも)るものだ。(일반적 상식)
질서는 지켜야 한다.

···› 学生(がくせい)は一生懸命(いっしょうけんめい)に勉強(べんきょう)するものだ。(일반적 상식)
학생은 열심히 공부해야 한다.

03 ~なんて ~라니

みんな見(み)えると言(い)うのに私(わたし)だけ見(み)えないなんて。
모두 보이는데 나만 보이지 않다니.

감정이나 가치판단을 담아서 표현할 때 사용합니다. '~라니, ~라는 것은' 등으로 해석합니다.

···› 今(いま)の彼(かれ)の実力(じつりょく)では、合格(ごうかく)なんてとても無理(むり)です。
지금의 그의 실력으로 합격이라니 도저히 무리입니다.

···› こんな簡単(かんたん)な問題(もんだい)が解(と)けないなんて、情(なさ)けない。
이런 간단한 문제를 못 풀다니, 한심하다.

···› オリンピックでメダルを取(と)るなんて、私(わたし)の力(ちから)ではできません。
올림픽에서 메달을 따다니, 제 실력으로는 할 수 없습니다.

04 존경어

王様(おうさま)がこれを見(み)られたら、きっと気(き)に入(い)られますよね。

임금님이 이것을 보신다면 반드시 마음에 들어하실 것입니다.

존경어를 만드는 방법은 여러가지가 있습니다.

お＋동사의 ます형＋になる

동사를 존경어 공식에 넣어서 만들어 사용할 수 있습니다.

···▸ 先生(せんせい)はこのレポートをお読(よ)みになりましたか。
선생님은 이 리포트를 읽으셨습니까?

···▸ このパソコンをお使(つか)いになりますか。
이 컴퓨터를 사용하시겠습니까?

れる、られる의 사용

수동의 조동사에 존경의 의미도 있습니다.

···▸ 社長(しゃちょう)はご自分(じぶん)で運転(うんてん)されると言(い)います。
사장님은 직접 운전하신다고 합니다.

···▸ この映画(えいが)、見(み)られましたか。
그 영화, 보셨나요?

···▸ いつ来(こ)られますか。
언제 오십니까?

특별존경어

어떤 동사들은 자기만의 고유한 존경어들이 있습니다.

食べる、飲む	召し上がる	드시다
行く、来る、いる	いらっしゃる おいでになる	가시다, 오시다, 계시다
見る	ご覧になる	보시다
言う	おっしゃる	말씀하시다
する	なさる	하시다
知っている	ご存じだ	아시다
くれる	くださる	주시다
寝る	お休みになる	주무시다

…› おにぎりとカレーとどちらになさいますか。
주먹밥과 카레, 어느 쪽으로 하시겠습니까?

…› あの先生をご存じですか。
저 선생님을 아십니까?

…› 社長は今日展示会をご覧になる予定です。
사장님은 오늘 전시회를 보실 예정입니다.

확인 문제

초급 03

こたえましょう

1 ある国にいるしたてやは誰の服を作っていましたか。

① 国中の人

② 王様と大臣

③ 王様

④ 子供たち

2 最初にうそつきしたてやの仕事場を見に行ったのは誰ですか。

① 家来

② 町の人

③ 大臣

④ 男の子

3 王様は誰とうそつきしたてやの仕事場を見に行きましたか。

① 家来たち

② 大臣

③ 国中の人

④ 王様だけ

4 うそつきしたてやの服を着たとき、王様は心の中でどう思いましたか。

① 私だけ見えないのでかなしくなった

② 本当にすばらしいと思った

③ きれいで感動した

④ 珍しくてびっくりした

5 町の人はパンツ１枚のはだかの王様を見てどうしましたか。

① おもしろいと言った

② ほめた

③ ばかだと言った

④ びっくりして、逃げた

6 うそつきしたてやは最初に王様にどんな珍しい服を作ると言いましたか。

7 うそつきしたてやの仕事場を見に行った大臣は王様に、何と言いましたか。

8 うそつきしたてやを見に行った王様は何も見えないのに、どうして「早く着たい」と言ったのですか。

9 うそつきしたてやは服を着せるふりをして何と言いましたか。

10 王様を見た男の子は何と言いましたか。

초급 04

白雪姫（しらゆきひめ）

백설공주

昔、ある国にとても美しい王女がいました。雪の[1]ように白いので、みんなは彼女を白雪姫と呼びました。ある日お妃が急に病気で死んでしまいました。毎日泣いている白雪姫を見て、王様は新しいお妃と結婚をしました。新しいお妃はとても美しかったですが、本当は悪い魔女だったのです。そして時間があるときはいつもまほうの鏡を見ていました。「鏡よ、鏡。世界で一番美しいのは誰。」と聞くと、鏡は「もちろんあなたです。」と答えてくれるので、とても喜んでいました。

낱말과 표현

美しい 아름답다 | **王女** 공주 | **雪** 눈 | **白い** 하얗다 | **呼ぶ** 부르다 | **お妃** 왕비 | **急に** 갑자기 | **病気** 병 | **死ぬ** 죽다 | **泣く** 울다 | **王様** 임금님, 왕 | **新しい** 새롭다 | **結婚** 결혼 | **悪い** 나쁘다 | **魔女** 마녀 | **時間** 시간 | **いつも** 항상, 언제나 | **まほうの鏡** 마법의 거울 | **世界** 세상, 세계 | **一番** 제일, 가장 | **聞く** 묻다, 듣다 | **もちろん** 물론 | **答える** 대답하다 | **喜ぶ** 기뻐하다

しかし、ある日お妃が鏡に聞くと、鏡は「今まではあなたが一番でしたが、今世界で一番美しいのは白雪姫です。」と答えました。お妃は顔を赤くして怒りました。すぐに家来を呼び、「白雪姫を森へ連れて行って殺しなさい。」と言いました。しかし家来はかわいい白雪姫を殺すことができなくて、森に逃げるように言いました。[2]残された白雪姫は森の中を一人で歩いて行きました。すると遠くに小さな家が見えました。白雪姫は急いでその家まで行き、トントンとドアを叩きましたが誰もいないので、そっと中へ入っていきました。そこにはテーブルと七つのいすがありました。テーブルの上にはパンとスープとくだものがおい[3]てありました。白雪姫は「ああ、お腹が空いたわ。」と言ってテーブルの上のものを全部食べてしまいました。お腹がいっぱいになると急に眠くなり、部屋のすみにあるベッドで寝てしまいました。しばらくして白雪姫が目をさますと、七人の小人がベッドのまわりに集まっていました。「あなたは誰。どこから来たの。一人なの。」と言いました。白雪姫が理由を話すと、小人たちは「本当にひどいお妃だね。大変だったね。ずっとここにいていいよ。僕たちと一緒にいようよ。」と言ってくれました。

낱말과 표현

顔を赤くする 얼굴이 빨개지다 | **怒る** 화내다 | **家来** 신하 | **森** 숲 속 | **連れる** 데려가다 | **殺す** 죽이다 | **かわいい** 귀엽다 | **逃げる** 도망치다 | **残される** 남겨지다 | **遠く** 멀리, 먼 곳 | **急ぐ** 서두르다 | **トントン** 똑똑 | **ドアを叩く** 문을 두드리다 | **そっと** 살그머니 | **テーブル** 테이블 | **いす** 의자 | **くだもの** 과일 | **おく** 놓다 | **お腹が空く** 배가 고프다 | **全部** 전부 | **お腹がいっぱいになる** 배가 부르다 | **眠い** 졸리다 | **すみ** 구석 | **ベッド** 침대 | **しばらくして** 잠시 지나서 | **目をさます** 눈을 뜨다, 잠을 깨다 | **小人** 난쟁이 | **まわり** 주변 | **集まる** 모이다 | **理由** 이유 | **本当に** 정말로 | **ひどい** 심하다 | **大変** 힘듦, 큰일 | **ずっと** 계속, 쭉 | **僕たち** 우리들

そのころ、おしろにいるお妃は鏡に聞きました。「鏡よ、鏡。世界中で一番美しい人は誰。」と言うと、「森の中で小人たちと一緒に住んでいる白雪姫がやっぱり一番美しい。ああ、本当に白い花の[1]ようだ。」と鏡は今まで以上にほめました。それを聞いたお妃は怒って、自分の手で白雪姫を殺すことにしました。毒のはいったりんごを作り、りんご売りになって小人の家を訪ねました。トントントンとドアを叩くと、すぐに白雪姫が出てきました。お妃は「甘くておいしいりんごはどうですか。一つ買ってくれませんか。」と言うと、白雪姫は「まあ、本当においしそうなりんごだわ。」と言って、買ってすぐに食べてしまいました。

낱말과 표현

そのころ 그즈음 | **おしろ** 성, 궁궐 | **世界中** 전 세계 | **住む** 살다 | **花** 꽃 | **以上に** 이상으로 | **ほめる** 칭찬하다 | **自分** 자기 자신 | **手** 손 | **毒** 독 | **はいる** (다른 것이) 들어가다, 섞이다 | **りんご売り** 사과장수 | **訪ねる** 찾아가다, 방문하다 | **すぐに** 바로, 금방 | **甘い** 달다 | **おいしそうな** 맛있을 것 같은

小人たちが夕方帰って来ると、白雪姫が倒れているので大騒ぎになりました。小人たちが何をしても白雪姫は目をさましませんでした。小人たちはずっと泣きつづけました。そしてガラスの棺に白雪姫を入れ、お葬式をしました。ちょうどそのとき、隣の国の王子がそこを通りかかりました。小人たちから話を聞いた王子は、「かわいそうに。こんなに美しい人が死んでしまったなんて。」と言いながら白雪姫を抱き上げると、白雪姫の口からポロリと毒りんごが出てきたのです。「ああ・・・。」と言いながら白雪姫は目を開けました。小人たちは「よかった。白雪姫が目をさましたぞ。」と泣いて喜びました。王子様も大喜びで白雪姫をおしろに連れて行きました。しばらくして二人は七人の小人たちと森の動物たちを呼んで結婚式をあげました。

낱말과 표현

夕方 저녁때 | **倒れる** 쓰러지다 | **大騒ぎ** 대소동, 큰 소동 | **泣きつづける** 계속 울다 | **ガラスの棺** 유리관 | **入れる** 넣다 | **お葬式** 장례식 | **ちょうど** 마침 | **隣の国** 이웃나라 | **王子** 왕자 | **通りかかる** 마침 그곳을 지나가다 | **かわいそうに** 불쌍하게 | **抱き上げる** 안아 올리다 | **口** 입 | **ポロリ** 뚝 | **目を開ける** 눈을 뜨다 | **～様** ~님 | **大喜び** 대단히 기뻐함 | **動物** 동물 | **結婚式をあげる** 결혼식을 올리다

しかし、何も知らないお妃はまた鏡に聞きました。「鏡よ、鏡。白雪姫はもう死んでしまった。今世界で一番美しいのは私でしょう。」と聞くと、「いいえ、白雪姫は元気になり、王子様と結婚しました。」と答えました。お妃は怒って顔が真っ赤になりました。「よし。今度こそ殺してやる。」と言ってナイフを手にまほうのほうきに乗り、暗い海の上を飛んで行きました。そのとき急に空が暗くなりました。そしてピカッと雷が光り、お妃が持っていたナイフに落ちました。魔女のお妃はそのまま海に落ちてしまいました。まほうの鏡に世界で一番美しいと言われた白雪姫は、その後やさしくて美しいお妃になりました。そして王様と一緒にりっぱな国を作りました。

낱말과 표현

知る 알다 | また 또, 또다시 | 元気 건강함, 활발함 | 真っ赤になる 새빨개지다 | ～こそ ~야말로 | ナイフ 나이프, 칼 | まほうのほうき 마법 빗자루 | ～に乗る ~를 타다 | 暗い 어둡다 | 海 바다 | 飛ぶ 날다 | 急に 갑자기 | 空 하늘 | ピカッと 번쩍 | 雷が光る 벼락이 번쩍이다 | 持つ 가지다, 들다 | 落ちる 떨어지다 | そのまま 그대로 | 言われる 말해지다, 듣다 | やさしい 상냥하다 | 王様 임금님, 왕 | りっぱ 멋짐, 훌륭함

문형과 문법

초급 04 まとめましょう

01 ~ように（ようだ） ~처럼, ~같이(같다)

- 雪(ゆき)のように白(しろ)いので、みんなは彼女(かのじょ)を白雪姫(しらゆきひめ)と呼(よ)びました。
  눈처럼 하얗기 때문에 모두는 그녀를 백설공주라고 불렀습니다.
- ああ、本当(ほんとう)に白(しろ)い花(はな)のようだ。
  아아, 정말로 하얀 꽃 같아.

대상의 모습을 다른 뭔가에 비유해서 표현하고 싶을 때 명사 + の +ようだ를 사용합니다. な형용사 활용을 합니다.

⋯▸ 田中(たなか)さんの妹(いもうと)は人形(にんぎょう)のようにかわいいです。
다나카 씨의 여동생은 인형처럼 귀엽습니다.

⋯▸ あの庭(にわ)は本当(ほんとう)にきれいですね。まるで絵(え)のようです。
저 정원은 정말로 예쁘네요. 마치 그림 같아요.

⋯▸ まるで歌手(かしゅ)のように、彼女(かのじょ)は歌(うた)を歌(うた)いました。
마치 가수처럼 그녀는 노래를 불렀습니다.

⋯▸ これはまるで本物(ほんもの)のダイヤのようですね。
이것은 마치 진품 같은 다이아몬드군요.

02 수동표현

残(のこ)された白雪姫(しらゆきひめ)は森(もり)の中(なか)を一人(ひとり)で歩(ある)いて行(い)きました。

남겨진 백설공주는 숲 속을 혼자서 걷고 있었습니다.

일본어에서 수동표현은 다양하게 사용됩니다.

〈기본적인 수동표현〉

주어인 [나]를 중심으로 한 수동표현입니다.

→ 私(わたし)は先生(せんせい)に叱(しか)られました。 나는 선생님에게 꾸중 들었습니다.

→ 毎朝(まいあさ)、妹(いもうと)は母(はは)に起(お)こされます。 매일 아침 여동생은 엄마가 깨워줍니다.

→ 私(わたし)は留学生(りゅうがくせい)パーティーに招待(しょうたい)されました。 나는 유학생 파티에 초대받았습니다.

〈피해나 성가심〉

주어가 신체의 일부, 소유물에 피해를 입었을 때나 어떤 피해나 성가신 일, 번거롭다고 느꼈을 때 사용합니다.

→ 電車(でんしゃ)で財布(さいふ)をとられました。 전철에서 지갑을 도둑맞았습니다.

→ 私(わたし)は手(て)を犬(いぬ)にかまれました。 나는 손을 개에게 물렸습니다.

→ 木村(きむら)さんは隣(となり)の人(ひと)に足(あし)を踏(ふ)まれました。 기무라 씨는 옆 사람에게 발을 밟혔습니다.

→ 会社(かいしゃ)から帰(かえ)るとき、雨(あめ)に降(ふ)られました。 회사에서 돌아올 때 비를 맞았습니다.

〈일반적인 사항〉

사물이 주어로 사회적이고 일반적인 사항을 말할 때 사용합니다.

→ この映画(えいが)は世界中(せかいじゅう)で見(み)られています。 이 영화는 전 세계에서 보고 있습니다.

→ 卒業式(そつぎょうしき)は毎年(まいとし)３月(さんがつ)に行(おこな)われます。 졸업식은 매년 3월에 행해집니다.

03 ～てある ～어져 있다(상태)

テーブルの上(うえ)にはパンとスープとくだものがおいてありました。
테이블 위에는 빵과 스프와 과일이 놓여 있었습니다.

타동사＋てある나 자동사＋ている의 형태로 어떠한 상태를 표현할 수 있습니다.

타동사＋てある

목적을 가지고 의지적으로 행하고 그 결과가 그대로 남아있는 상태

- 新(あたら)しい空気(くうき)を入(い)れるために、窓(まど)を開(あ)けてありました。
  새로운 공기를 넣기 위해 창문을 열어 두었습니다.
- 家(いえ)の前(まえ)に車(くるま)が止(と)めてあります。どうぞお乗(の)りください。
  집 앞에 차가 세워져 있습니다. 어서 승차해 주세요.
- 使(つか)わない部屋(へや)の電気(でんき)は消(け)してありました。
  사용하지 않는 방의 전기는 꺼 두었습니다.

자동사＋ている

목적, 의미와 상관없이 결과적으로 그런 상태가 되어 있는 것

- 机(つくえ)の上(うえ)から本(ほん)が落(お)ちています。
  책상 위에서 책이 떨어져 있습니다.
- タバコに火(ひ)がついています。
  담배에 불이 붙어 있습니다.
- テレビがこわれています。
  텔레비전이 망가져 있습니다.

확인 문제

초급 04  こたえましょう

1 **美しい王女は、なぜ白雪姫と呼ぶのですか。**

① 生まれた日に、雪が降ったから

② 雪が好きだから

③ 雪だるまのように、まるいから

④ 雪のように白いから

2 **新しいお妃が時間があるとき、いつも見ているものは何ですか。**

① まほうの鏡

② 白い雪

③ 悪い魔女

④ 毎日泣いている白雪姫

3 **白雪姫は小さな家で、何を食べた後、寝てしまいましたか。**

① 毒りんご

② パンとスープとくだもの

③ 白い雪

④ おいしいりんご

4 **白雪姫は誰に助けられましたか。**

① 王様

② 小人たち

③ 隣の国の王子様

④ 魔女

5 白雪姫は誰と結婚しましたか。

① 小人
② 隣の国の王子様
③ 海の王様
④ 森の動物たち

6 家来は、かわいい白雪姫を殺すことができなくて何と言いましたか。

7 ７人の小人といる白雪姫を、鏡は何のようだと言いましたか。

8 自分の手で白雪姫を殺そうとしたお妃は何をしましたか。

9 魔女が最後に「今度こそ殺してやる」と言う前に、鏡は何と答えましたか。

10 魔女は暗い海の上を飛んでいるときどうなりましたか。

중급 05

おおかみと七匹(ななひき)の子(こ)やぎ

늑대와 7마리의 아기 염소

昔、ある村にお母さんやぎと７匹の子やぎが住んでいました。ある日、お母さんは子供たちのために森へ食べ物をさがしに行くことにしました。それで子やぎたちに言いました。「みんな、お母さんが留守の間に悪いおおかみが来る[1]かも知れないから気をつけてね。家をしっかり閉めておくのよ。わかった。」と何度も言いました。「はい、お母さん。しっかり留守番しているから早く帰って来てね。」子やぎたちは言いました。お母さんが出かけてしばらくすると、おおかみがやって来ました。おおかみは「お母さんよ。早くドアを開けて。」と言いました。子やぎたちが「あれ。変な声だなあ。お母さんの声じゃないぞ。」と言うと、おおかみは帰って行きました。少しして今度は「お母さんが帰って来たよ。お土産もあるわよ。」と言うやさしい声が聞こえました。しかしドアのすき間から黒い足と長いつめが見えたので、子やぎたちは「お母さんの声を真似してもだめだぞ。それにお母さんの足は白いんだ。さっさと帰れ。」と大声で叫びました。

낱말과 표현

おおかみ 늑대 | **～匹** ~마리 | **子やぎ** 아기염소 | **村** 마을 | **森** 숲속 | **食べ物** 먹을거리 | **さがす** 찾다 | **留守の間** 집에 없는 동안, 부재중인 동안 | **気をつける** 조심하다 | **しっかり** 단단히, 꽉 | **閉める** 닫다 | **何度も** 몇 번이나 | **留守番** 빈 집을 지켜 줌 | **出かける** 나가다, 나서다 | **しばらくすると** 잠시 지나자 | **やって来る** 오다, 찾아오다 | **ドアを開ける** 문을 열다 | **変** 이상함 | **お土産** 선물 | **聞こえる** 들리다 | **すき間** 빈틈, 짬 | **黒い** 검다 | **つめ** 발톱 | **見える** 보이다 | **真似する** 흉내 내다 | **だめ** 안 됨, 허사임 | **さっさと** 냉큼 | **大声** 큰 소리 | **叫ぶ** 외치다

おおかみは、今度は森の仲間にもらった白い粉を足につけ、またやって来ました。「お母さんよ。遅くなってごめんね。さあ、早く開けてちょうだい。」「じゃあ、足を見せてよ。」子やぎたちがドアのすき間からのぞくと、白い足が見えたので大喜びしました。「お母さんだ。お母さんが帰って来た。」と大きくドアを開けました。するとおおかみが「ガォー。」と大きな口をいっぱいに開けて入って来ました。「俺は腹ぺこなんだ。みんな順に食ってやる。」と言って一匹ずつ捕まえてはごくんと飲み込んでいきました。末っ子だけは柱時計の中でブルブル震えながら隠れていました。おおかみは「まだ何匹かいる[2]はずだ。」と言ってさがし回りましたが、見つからないのであきらめて帰って行きました。

낱말과 표현

仲間 친구, 동료 | **粉** 분말가루 | **足につける** 발에 바르다 | **遅い** 늦다 | **〜てちょうだい** ~해 주렴 | **見せる** (내)보이다 | **のぞく** 엿보다 | **大喜ぶ** 아주 기뻐하다 | **口** 입 | **いっぱいに開ける** 크게 벌리다 | **俺** 나 | **腹ペコ** 배가 몹시 고픔 | **順に** 순서대로 | **食う** 먹다 | **〜ずつ** ~씩 | **捕まえる** 붙잡다 | **ごくん** 꿀꺽 | **飲み込む** 삼키다 | **末っ子** 막내 | **柱時計** 괘종시계, 벽시계 | **ブルブル** 벌벌 | **震える** 떨다 | **隠れる** 숨다 | **さがし回る** 찾아 돌아다니다 | **見つかる** 찾게 되다, 발견되다 | **あきらめる** 단념하다, 포기하다

しばらくしてお母さんが帰って来ました。「あら、変だわ。ドアが開いている。何かあったのかしら。」と言うと、家の中に飛び込みました。見ると、家の中はめちゃくちゃで、子やぎたちの姿は見えません。「子供たちがおおかみに食べられてしまったんだわ。どうしよう。」お母さんは泣きながら子やぎたちの名前を呼びました。すると末っ子が「ここだよ。ここにいるよ。」と柱時計の中から出て来ました。末っ子は「おおかみが来て、みんな飲み込まれちゃった。」と震えながら話しました。それを聞いたお母さんやぎは、すぐに外へ飛び出しました。野原まで行くと、おおかみがぐうぐうといびきをかいて寝ていました。そっと近づいて見ると、おおかみのお腹がぴくぴくと動いています。お母さんやぎは「よかった。子やぎたちはまだ生きてるんだわ。間に合った。」と安心しました。そして末っ子の子やぎに言って、はさみと針と糸を持って来させました。そしてはさみでおおかみのお腹をじょきじょきと切ると、六匹が次々に飛び出してきました。

낱말과 표현

しばらくして 잠시 지나서 | **開く** 열리다 | **飛び込む** 뛰어들다 | **めちゃくちゃ** 엉망진창 | **姿** 모습 | **泣く** 울다 | **飲み込まれる** 잡혀먹히다 | **飛び出す** 뛰쳐나오다 | **野原** 들판 | **ぐうぐう** 드르렁드르렁 | **いびきをかく** 코를 골다 | **そっと** 살짝, 몰래 | **近づく** 다가가다 | **ぴくぴく** 씰룩씰룩 | **動く** 움직이다 | **生きる** 살다 | **間に合う** 시간에 늦지 않게 대다 | **安心する** 안심하다 | **はさみ** 가위 | **針** 바늘 | **糸** 실 | **来させる** 오게 하다 | **じょきじょき** 싹둑싹둑 | **切る** 자르다 | **次々に** 차례로

「ああ、助かったんだ。」と子やぎたちは飛び跳ねて喜びました。お母さんやぎは「さあ、今度は私たちが憎らしいおおかみに教えてやるのよ。みんな小石を集めてきて。早く。」と命じると、子やぎはみんなでたくさんの小石を拾い集めてきました。その小石をおおかみのお腹に詰め込み、お腹を縫いました。しばらくして目を覚ましたおおかみは、のどが渇いたので井戸に向かいました。「ああ、のどが渇いたなあ。あれ、おかしいな。どうしてこんなにお腹が重いのかな。」おおかみは独り言を言いました。そして井戸に顔を入れて水を飲もうとし[3]たとたん体がぐらっと傾いてそのまま井戸の中に落ち、ぶくぶくと沈んでしまいました。

낱말과 표현

助かる 살아나다, 목숨을 건지다 | **飛び跳ねる** 날듯이 뛰어오르다 | **喜ぶ** 기뻐하다 | **憎らしい** 얄밉다 | **小石** 작은 돌 | **集める** 모으다 | **命じる** 명령하다 | **拾い集める** 주워 모으다 | **詰め込む** 가득 채워(집어) 넣다 | **縫う** 꿰매다 | **目を覚ます** 잠을 깨다 | **のどが渇く** 목이 마르다 | **井戸** 우물 | **〜に向かう** ~로 향하다 | **おかしい** 이상하다 | **独り言を言う** 혼잣말을 하다 | **体** 몸 | **ぐらっと** 기우뚱 | **傾く** 기울다, 쏠리다 | **そのまま** 그대로 | **落ちる** 떨어지다 | **ぶくぶく** 보글보글 | **沈む** 가라앉다

문형과 문법

중급 05 まとめましょう

01 ～かも知(し)れない　～일지도 모른다

みんな、お母(かあ)さんが留守(るす)の間(あいだ)に悪(わる)いおおかみが来(く)るかも知(し)れないから気(き)をつけてね。

얘들아, 엄마가 없는 동안에 나쁜 늑대가 올지도 모르니까 조심하렴.

확실하지는 않지만 그럴 가능성이 있다고 주관적으로 판단해서 말할 경우에 사용합니다.

…› 今日(きょう)は大雪(おおゆき)なので、バスが遅(おく)れるかも知(し)れません。
오늘은 눈이 많이 왔기 때문에 버스가 늦을지도 모릅니다.

…› あの人(ひと)はもしかすると田村(たむら)さんの弟(おとうと)かも知(し)れません。
저 사람은 어쩌면 타무라 씨의 남동생일지도 모릅니다.

…› 頭(あたま)も痛(いた)いし、熱(ねつ)もあります。風邪(かぜ)かも知(し)れません。
머리도 아프고 열도 있습니다. 감기일지도 모릅니다.

…› 誰(だれ)も電話(でんわ)にでません。留守(るす)かも知(し)れません。
아무도 전화를 받지 않습니다. 집에 없는지도 모릅니다.

02 ～はずだ　(당연히) ～것이다

まだ何匹(なんびき)かいるはずだ。

아직 몇 마리인가 있을 거야.

어떤 근거를 토대로 '당연히~할 것이다'라고 하여 주로 자신의 생각에 확신을 가지고 사용하는 표현입니다.

…› 今(いま)9時(くじ)だから、銀行(ぎんこう)は開(あ)いているはずです。
지금 9시니까 은행은 열려 있을 것입니다.

…▸ 午前中の列車に乗ると言っていたから、もう着いたはずです。
오전 중 열차를 탄다고 했으니까 벌써 도착했어야 합니다.

…▸ この辞書を見れば誰でもわかるはずだ。
이 사전을 보면 누구라도 알 것이다.

03 ～たとたん(に) ～한 순간, ～하자마자

そして井戸に顔を入れて水を飲もうとしたとたん、

体がぐらっと傾いてそのまま井戸の中に落ち、

ぶくぶくと沈んでしまいました。

그리고 우물에 얼굴을 넣고 물을 마시려고 한 순간 몸이 기우뚱 쏠리면서 그대로 우물 속으로 떨어져 보글보글 가라앉아 버렸습니다.

'～하자 그 순간 뭔가 일어났을 때' 혹은 '～하자 그때와는 다르게 갑자기'라는 의미입니다.

…▸ エレベーターのドアが開いたとたん、中から子供が飛び出してきた。
엘리베이터 문이 열린 순간 안에서 아이가 뛰어나왔다.

…▸ 彼は疲れていたらしく、ベッドに入ったとたんにいびきをかいた。
그는 지친 모양인 듯 침대에 들어간 순간 코를 골았다.

…▸ 迷子は母親の顔を見たとたんに泣き出しました。
미아는 엄마의 얼굴을 본 순간 울음을 터트렸다.

…▸ ベルが鳴ったとたんに、学生は教室を飛び出した。
벨이 울린 순간 학생은 교실을 뛰쳐나갔다.

확인 문제

중급 05 こたえましょう

1 おおかみに食べられなかったやぎは誰ですか。

① １番上のやぎ

② ３番目のやぎ

③ ５番目のやぎ

④ 末っ子

2 おおかみが来たとき、末っ子やぎはどこに隠れていましたか。

① ドアのすき間

② 柱時計の中

③ 家のすみ

④ 井戸の中

3 はさみでおおかみのお腹を切ったのは誰ですか。

① お母さんやぎ

② 末っ子のやぎ

③ ７匹のやぎ全員

④ 一番上のやぎ

4 おおかみのお腹に何を詰め込みましたか。

① 糸

② 水

③ 白い粉

④ 小石

5 おおかみは最後にどこに落ちて沈んでいきましたか。

① 野原
② 池
③ 井戸
④ やぎの家

6 なぜお母さんは留守にしたのですか。

7 最初におおかみが来たとき、やぎはなぜおおかみだとわかりましたか。

8 ２回目におおかみが来たとき、やぎはなぜおおかみだとわかりましたか。

9 やぎはどうしてドアを開けてしまったのですか。

10 やぎを食べたおおかみは、どこで何をしていましたか。

중급 06

三匹の子ぶた

아기돼지 3형제

昔、ある村に、ぶたのお母さんと三匹の子ぶたが住んでいました。ある日、お母さんは子供たちに言いました。「みんな、もう大人なんだから、自分で家を建てて、一人で住んでね。」一番上のお兄さんぶたは、働くことが大嫌いです。「え、大変そうだなあ。じゃあ、僕は、一番簡単なわらの家にしよう。」と言って、ゆっくりと仕事を始めました。もちろん、わらの家はすぐにでき上がりました。「どうだ、早いだろう。」お兄さんは弟たちに自慢しました。二番目のお兄さんぶたは、食べることが大好きです。「家を建て始めたら、ご飯を食べる時間があるかなあ。」と心配しましたが、「あ、そうだ。食べながら作れ[1]ばいいんだ。」すばらしいアイディアを思いついたようでした。「お兄さんのようなわらの家じゃ風がふいたらすぐに倒れちゃう。僕は木の家にするよ。」と言って、木を集めに山へ行きました。山にはくだものや木の実がたくさんあるので、いつも食べながら仕事をすることができました。「やった。やっとできた[2]ぞ。木の家は丈夫そうでいいだろう。」二番目のお兄さんは、胸を張って言いました。

낱말과 표현

~匹 ~마리 | 子ぶた 아기돼지 | 子供 아이 | 大人 어른, 성인 | 家を建てる 집을 짓다 | 働く 일하다 | 大嫌い 아주 싫어함, 질색임 | 僕 나 | 簡単 간단 | わら 짚 | ゆっくり 천천히 | 仕事 일 | 始める 시작하다 | もちろん 물론 | すぐに 금방, 즉시 | でき上がる 완성되다 | 自慢する 자랑하다 | 心配する 걱정하다 | すばらしい 멋지다 | アイディア 아이디어 | 思いつく 생각이 떠오르다 | 風がふく 바람이 불다 | 倒れる 쓰러지다 | 集める 모으다 | 木の実 나무열매 | やった 해냈다 | やっと 간신히, 겨우 | 丈夫 튼튼함 | 胸を張る 가슴을 펴다

三番目の弟ぶたは、いつも静かな頑張りやさんです。「僕は、風にも雨にも強い、煉瓦の家を建てるぞ。」と言って、重い煉瓦を一つ一つ運びました。それはとても大変な仕事でしたが、弟ぶたは汗をいっぱいかきながら、静かに働きました。それを見ていたお兄さんたちは「お前はかめのようだなあ。そんなに遅いと、家ができる前におおかみに食べられ[3]ちゃうぞ。」と、弟を笑いました。弟ぶたは言いました。「おおかみが来ても怖くないよ。絶対に壊れない丈夫な家を作るんだから。」時々どこからか「ウォーン。」というおおかみの遠吠えが聞こえてきましたが、弟は何も言わず、一生懸命働き続けました。

낱말과 표현

いつも 항상, 언제나 | **静か** 조용함 | **頑張りやさん** 노력가 | **雨** 비 | **強い** 강하다 | **煉瓦** 벽돌 | **運ぶ** 나르다 | **汗をかく** 땀을 흘리다 | **かめ** 거북이 | **遅い** (동작이) 느리다 | **笑う** 비웃다 | **怖い** 무섭다 | **絶対に ～ない** 절대로 ~하지 않다 | **壊れる** 부서지다 | **時々** 가끔, 때때로 | **遠吠え** 멀리서 짖음 | **聞こえる** 들리다 | **何も言わず** 아무 말도 하지 않고 | **一生懸命** 열심히 | **働き続ける** 일을 계속하다

みんなの家(いえ)ができた日(ひ)、三匹(さんびき)の子(こ)ぶたはお母(かあ)さんぶたのところへ行(い)きました。お母(かあ)さんはとても喜(よろこ)んで、みんなの家(いえ)を見(み)に出(で)かけました。実(じつ)はそれをおおかみがこっそり木(き)の陰(かげ)から見(み)ていましたが、誰(だれ)も気(き)がつきませんでした。おおかみはにやにやと笑(わら)いながら「おいしそうなぶたたちだ。どれから食(た)べようかな。」と言(い)いました。三匹(さんびき)は何(なに)も知(し)らず、自分(じぶん)の家(いえ)に帰(かえ)りました。おおかみは「あのわらの家(いえ)に住(す)んでいるぶたからにしよう。わらの家(いえ)なんか一吹(ひとふ)きだ。」と言(い)って、お兄(にい)さんぶたの後(あと)を、こっそりついて行(い)きました。おおかみは、わらの家(いえ)のドアをドンドンドンと叩(たた)きました。お兄(にい)さんぶたがそっと外(そと)を見(み)ると、何(なん)とおおかみが大(おお)きな口(くち)を開(あ)けて、立(た)っているではありませんか。お兄(にい)さんぶたはびっくりして、ふとんの中(なか)に逃(に)げ込(こ)みました。「ぶふぁあ…。」おおかみの一吹(ひとふ)きで、家(いえ)は飛(と)ばされてしまいました。「うわ、助(たす)けてくれ。」お兄(にい)さんぶたは、二番目(にばんめ)のところに逃(に)げて行(い)きました。「うちは木(き)の家(いえ)だから、きっと大丈夫(だいじょうぶ)だよ。」二人(ふたり)はぶるぶると震(ふる)えながら抱(だ)き合(あ)いました。おおかみは「こんな木(き)の家(いえ)なんか簡単(かんたん)さ。さあ、見(み)てろよ。」と言(い)って木(き)の家(いえ)に体(からだ)からぶつかりました。メリメリバリーン。木(き)の家(いえ)は倒(たお)れてしまいました。「誰(だれ)か助(たす)けて。おおかみに食(た)べられる。」

낱말과 표현

喜ぶ 기뻐하다 | **実は** 실은 | **こっそり** 살짝 | **木の陰** 나무그늘 | **気がつく** 그것에 생각이 미치다, 깨닫다 | **にやにや** 히죽히죽 | **何も知らず** 아무것도 모르고 | **～なんか** ~따위 | **一吹き** 한번 입으로 붐 | **ついて行く** 따라가다 | **叩く** 두드리다 | **びっくりする** 깜짝 놀라다 | **ふとん** 이불 | **逃げ込む** 도망쳐 들어가다, 숨다 | **飛ばされる** 날아가다 | **助ける** 구조하다, 살리다 | **逃げる** 도망치다 | **うち** 우리 집 | **大丈夫** 괜찮음 | **ぶるぶる** 벌벌 | **震える** 떨다 | **抱き合う** 껴안다 | **ぶつかる** 부딪치다

お兄さんたちは泣きながら、弟ぶたの家に逃げました。おおかみは赤い舌を出しながら追いかけてきました。ところが、弟ぶたは笑いながら「あはは、お兄さん、安心して。煉瓦の家は強いから、心配しなくても大丈夫だよ。」と、やさしく言いました。お腹が空いたおおかみは、煉瓦の家に力いっぱいぶつかりました。ドカーン、ガツーン。しかし、家はびくともしませんでした。反対におおかみは大けがをしてしまい、泣きながら山へ帰って行きました。

낱말과 표현

やさしい 상냥하다 | 泣く 울다 | 赤い 빨갛다 | 舌を出す 혀를 내밀다 | 追いかける 쫓아가다 | ところが 그런데, 그러나 | 安心する 안심하다 | お腹が空く 배가 고프다 | 力いっぱい 있는 힘껏 | びくともしない 꿈쩍도 하지 않다 | 反対に 반대로 | 大けがをする 크게 부상을 입다, 크게 다치다

01 ～ばいい ～면 된다

あ、そうだ。食べながら作ればいいんだ。
아 맞다. 먹으면서 만들면 되지.

～ばいい는 어떤 경우에 그렇게 하는 것이 바람직하다라는 것을 나타냅니다.

이 외에도～たらいい、～といい의 형태로도 사용할 수 있습니다.

- 風邪をひいたときは、部屋を暖かくして、早めに寝ればいい。
  감기에 걸렸을 때는 방을 따뜻하게 하고 빨리 자면 된다.
- 約束に遅れないためには、早く出発すればいいです。
  약속에 늦지 않기 위해서는 빨리 출발하면 됩니다.
- １０円玉がなければ、テレホンカードを使えばいい。
  10엔 동전이 없으면 전화카드를 사용하면 된다.

02 ～ぞ 강조의 표현

やった。やっとできたぞ。
다 됐다. 겨우 완성됐어.

～ぞ는 문장 끝에 붙어서 강조나 강하게 어필하고 싶을 때 사용하는 말입니다.

주로 남자가 사용하며 여자는～よ를 붙여서 쓰는 경우가 많습니다.

- 今度の試合は必ず勝つぞ。 이번 시합은 반드시 이긴다.
- 「風呂はやっぱり気持ちいい。」「泳いじゃだめだぞ。ここはプールじゃない。」
  "목욕은 역시 기분이 좋아." "수영하면 안 돼. 여기는 풀장이 아니야."
- 集合は図書館の前で９時だ。しかしもう３０分も遅刻だぞ。
  집합은 도서관 앞에서 9시다. 그러나 벌써 30분이나 지각이다.

03 ～ちゃう ～해 버리다

お前はかめのようだなあ。そんなに遅いと、
家ができる前におおかみに食べられちゃうぞ。
너는 거북이 같아. 그렇게 느리면 집이 완성되기 전에 늑대에게 잡혀먹힐 거야.

실제 회화에서는 축약형을 많이 사용합니다. ～ちゃう는 ～てしまう의 축약 표현입니다. 회화에서 잘 쓰이는 축약 표현을 알아봅시다.

- 大事な約束を忘れちゃった。 (忘れちゃった＝忘れてしまった)
  중요한 약속을 잊어버렸다.
- この本、もう読んじゃったの？ (読んじゃった＝読んでしまった)
  이 책 벌써 읽었니?
- 試験が１０日ってことは、来週の月曜日ですね。
  (ってこと＝ということ)
  시험이 10일이라고 하면 다음 주 월요일이군요.
- 今日パーティーがあるから、ビールを買っときました。
  (買っとく＝買っておく)
  오늘 파티가 있으니까 맥주를 사 두었습니다.
- 私も行かなきゃなりませんか。(行かなきゃ＝行かなければ)
  저도 가야만 합니까?
- 「何してるの？」「時間割を作ってるの。」
  (してる＝している / 作ってる＝作っている)
  "뭐하고 있어?" "시간표를 작성하고 있어."
- 荷物重そうだね。持ったげる。(持ったげる＝持ってあげる)
  짐 무거운 것 같구나. 들어줄게.
- 今日は忙しいんで、お先に失礼します。 (んで＝ので)
  오늘은 바쁘기 때문에 먼저 실례하겠습니다.

확인 문제

중급 06 こたえましょう

1 わらの家を建てたのは誰ですか。

① 一番上のお兄さんぶた

② 二番目のお兄さんぶた

③ 三番目の弟ぶた

④ ぶたのお母さん

2 最初におおかみが来たとき、一番上のお兄さんぶたは家のどこに逃げ込みましたか。

① 二番目の弟の家

② ふとんの中

③ お母さんのところ

④ 末っ子の家

3 一番上のお兄さんぶたの家はどうやって倒れましたか。

① おおかみが逃げ込んだため

② おおかみが、ドンドンと叩いたため

③ おおかみが、ぶつかって倒れた

④ おおかみの一吹きによって倒れた

4 木の家はどうして倒れてしまいましたか。

① 末っ子のぶたが逃げ込んだため

② おおかみが叩いたため

③ お兄さんのぶたが、ぶつかったため

④ おおかみが、ぶつかったため

5 煉瓦の家はおおかみがぶつかったときどうなりましたか。

① めちゃくちゃになった

② 倒れてしまった

③ びくともしなかった

④ 少し壊れた

6 一番上のお兄さんぶたはなぜわらの家を建てることを選んだのですか。

7 三番目の弟ぶたは、どうして煉瓦の家を建てたのですか。

8 お兄さんぶたたちは家を作っている弟ぶたを見て何と言いましたか。

9 おおかみは木の家を見たときに何と言いましたか。

10 煉瓦の家にぶつかったおおかみはどうなりましたか。

중급 07

赤ずきんちゃん

(赤: あか)

빨간모자

昔、ある村にかわいい女の子がいました。大好きなおばあさんにもらった赤いずきんをいつもかぶっているので、みんなから赤ずきんちゃんと呼ばれていました。ある日、赤ずきんちゃんは、お母さんにお使いを頼まれました。「おばあさんが病気だから、お菓子とワインを持ってお見舞いに行って来てちょうだい。途中で遊んだりしないでまっすぐに行くのよ。」「はい、お母さん。行って来ます。」赤ずきんちゃんは喜んで出かけました。森に行くと腹ぺこのおおかみがのっそりと現れました。「おお。太っていておいしそうな娘だ。ゆっくり料理するか。」と独り言を言いました。そしてやさしい声で「赤ずきんちゃん、そんなに急いでどこに行くの。」「おばあさんのお見舞いに行くところなの。」「そうなんだ。」おおかみは「よし、後で二人ともゆっくり食べてやる。楽しみだなあ。」と考えながらにやりと笑いました。「赤ずきんちゃん。ほら、きれいな花がいっぱい咲いてるよ。そして小鳥も歌っているね。」おおかみがやさしく言うと、赤ずきんちゃんは「まあ、本当にきれいなお花。そうだわ。おばあさんに持って行ってあげよう。」と、お母さんの言葉を忘れてお花畑に入っていきました。

낱말과 표현

ずきんをかぶる 두건을 쓰다, 망토를 입다 | お使い 심부름 | 頼まれる 부탁받다 | お菓子とワイン 과자와 와인 | お見舞い 병문안 | ～ちょうだい ~(해) 주세요, ~해 주렴 | 途中 도중 | まっすぐ 곧장 | 喜ぶ 기뻐하다 | 出かける 나가다 | 森 숲 | 腹ぺこ 배가 고픔 | おおかみ 늑대 | のっそり 몰래 | 現れる 나타나다 | 太る 살찌다 | 娘 처녀 | ゆっくり 천천히 | 料理する 요리하다 | 独り言を言う 혼잣말을 하다 | やさしい 상냥하다 | 急ぐ 서두르다 | 後で 나중에 | 考える 생각하다 | 楽しみ 즐거움 | にやり 히죽 | 笑う 웃다 | 咲く (꽃이) 피다 | 小鳥 작은 새 | 言葉 말 | 忘れる 잊다 | お花畑 꽃밭

そのすきにおおかみは大急ぎでおばあさんの家に行きました。おおかみは、おばあさんの家に着くと「おばあさん、私、赤ずきんよ。お見舞いに来たの。早くドアを開けて。」と赤ずきんちゃんの真似をして言いました。おばあさんはすっかり信じて「まあ、よく来てくれたわね。さあ、入って。」とドアを開けてしまいました。おおかみはウォーと吠えて中に入り、[1]あっという間におばあさんを飲み込んでしまいました。そしておばあさんの服と帽子をかぶり、おばあさんのふりをしてベッドに横になりながら考えました。

「よし、うまくいったぞ。次は赤ずきんちゃんだ。早く来ないかな。」

낱말과 표현

すき 빈틈, 짬 | **大急ぎ** 아주 급함, 급히 서두름 | **〜に着く** ~에 도착하다, 닿다 | **ドアを開ける** 문을 열다 | **真似をする** 흉내를 내다 | **すっかり** 완전히 | **信じる** 믿다 | **吠える** 짖다, 으르렁거리다 | **飲み込む** 삼키다 | **そして** 그리고 | **服** 옷 | **帽子** 모자 | **ふりをする** 시늉을 하다, ~인 체하다 | **ベッド** 침대 | **横になる** 눕다 | **うまくいく** 잘 되다 | **次** 다음

赤(あか)ずきんちゃんは森(もり)の中(なか)でしばらく遊(あそ)んでしまいましたが、途中(とちゅう)ではっと気(き)が付(つ)き、急(いそ)いでおばあさんの家(いえ)に向(む)かいました。そしておばあさんの家(いえ)に着(つ)くと「おばあさん、こんにちは。赤(あか)ずきんよ。すっかり遅(おそ)くなってごめんなさい。」と言(い)いました。すると家(いえ)の中(なか)から「おお、よく来(き)たね。さあ、お入(はい)り。」と言(い)う声(こえ)が聞(き)こえました。家(いえ)の中(なか)に入(はい)ってベッドに近(ちか)づいた赤(あか)ずきんちゃんは、おばあさんを見(み)てびっくりしました。「おばあさんの耳(みみ)はどうしてそんなに大(おお)きいの。」おおかみはとぼけて「おまえのかわいい声(こえ)がよく聞(き)こえるようにね。」「おばあさんの目(め)はどうしてそんなに大(おお)きいの。」「おまえのかわいい顔(かお)をよく見(み)るためだよ。」「おばあさんの口(くち)はどうしてそんなに大(おお)きいの。」「おまえを一口(ひとくち)で飲(の)み込(こ)むためだよ。」と大(おお)きい声(こえ)で言(い)いながらがばっとベッドから飛(と)び起(お)きると、赤(あか)ずきんちゃんを丸(まる)ごと飲(の)み込(こ)んでしまいました。

낱말과 표현

しばらく 잠시 | はっと 퍼뜩 | 気が付く 생각이 나다 | ～に向かう ~로 향하다 | 遅い 늦다 | 近づく 다가가다 | びっくりする 깜짝 놀라다 | 耳 귀 | どうして 어떻게 | とぼける 시치미를 떼다, 딴청부리다 | ～ため ~위해 | 一口 한 입 | がばっと 벌떡 | 飛び起きる 벌떡 일어나다 | 丸ごと 통째로

お腹がいっぱいになったおおかみは、ぐうぐうといびきをかいて寝てしまいました。おばあさんの家を通りかかった猟師が、とても大きないびきに驚いて家の中をのぞきました。「あれ、どうしておおかみが寝ているんだ。それにあんなに腹が膨らんでいる。さては、あのおおかみがおばあさんを飲み込んだ[2]に違いない。」と言うと、家の中にそっと入っていきました。そして、すぐにおおかみのお腹をはさみでじょきじょき切りました。すると中から赤ずきんちゃんとおばあさんが次々に飛び出してきました。「ああ、助かった。本当によかった。おじさん、ありがとう。」赤ずきんちゃんはおじさんにお礼を言いました。

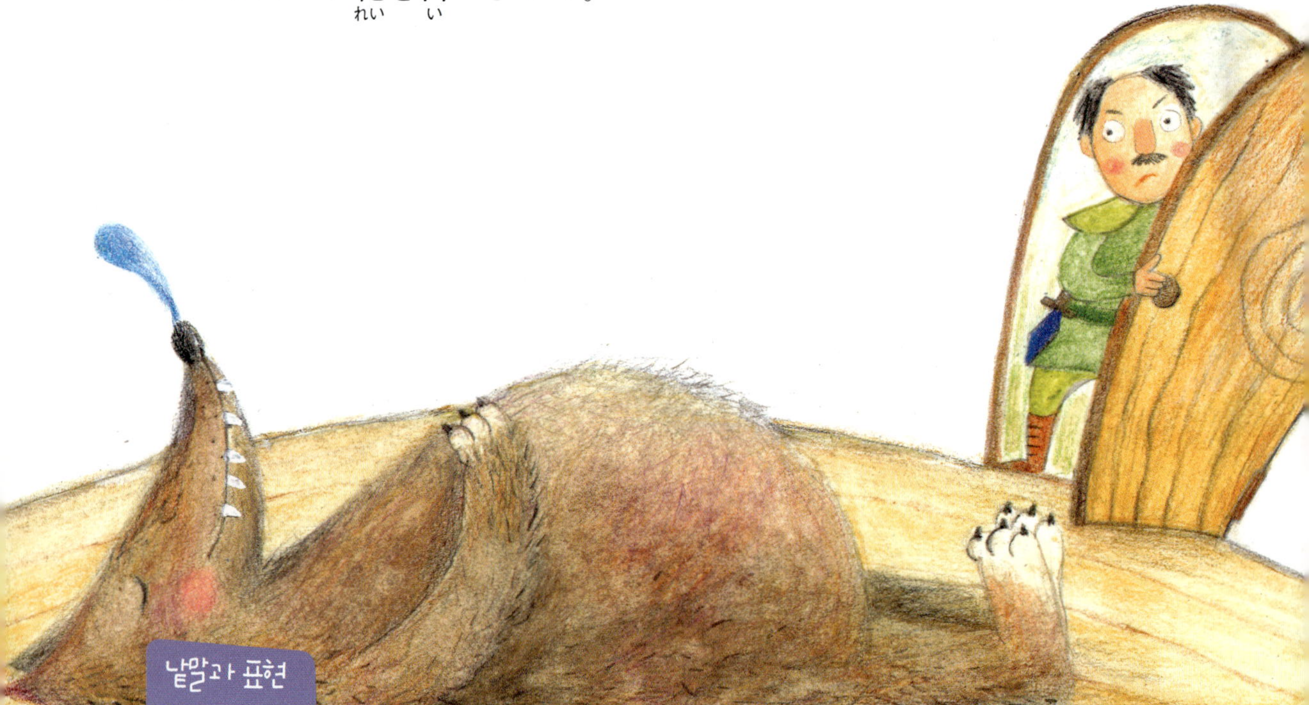

낱말과 표현

お腹がいっぱいになる 배가 부르다 | **ぐうぐう** 쿨쿨 | **いびきをかく** 코를 골다 | **通りかかる** 마침 그곳을 지나가다 | **猟師** 사냥꾼 | **驚く** 놀라다 | **のぞく** 엿보다, 들여다보다 | **膨らむ** 부풀다, 불룩해지다 | **さては** 그렇다면, 틀림없이 | **そっと** 살그머니, 몰래 | **はさみ** 가위 | **じょきじょき** 싹둑싹둑 | **切る** 자르다 | **次々に** 차례로 | **助かる** 살아나다, 목숨을 건지다 | **本当に** 정말로 | **お礼を言う** 감사의 말을 하다

何も知らないおおかみはまだ寝[3]たままです。そのすきに、三人は大急ぎで小石を拾い集めてきました。「さあ、早く小石をお腹に入れて。」三人は急いで小石を詰め込むと糸でお腹をしっかりと縫いました。しばらくすると、おおかみが「ああ、よく寝た。」と大きなあくびをしながら目を覚ましました。そして「あれ、どうしてこんなにお腹が苦しいのかな。おかしいなあ。のども渇いている[4]し。」と独り言を言いながら水を飲もうと近くにある井戸に向かいました。井戸をのぞいたとたん、体が重くてどぼんと大きな音を立てて井戸に落ちてしまいました。三人はそれを見てほっと安心しました。

낱말과 표현

小石 작은 돌 | 拾い集める 주워 모으다 | 詰め込む 채워(집어) 넣다 | しっかり 단단히 | 縫う 꿰매다 | あくびをする 하품을 하다 | 目を覚ます 눈을 뜨다, 잠이 깨다 | 苦しい 괴롭다 | おかしい 이상하다 | のども渇く 목도 마르다 | 井戸 우물 | ~たとたん ~하자마자, ~한 순간 | 体 몸 | どぼん 풍덩 | 音を立てる 소리를 내다 | 落ちる 떨어지다 | ほっと安心する 마음 놓고 안심하다

01 あっという間(ま)に 순식간에, 눈 깜짝할 사이에

おおかみはウォーと吠(ほ)えて中(なか)に入(はい)り、あっという間(ま)におばあさんを飲(の)み込(こ)んでしまいました。

늑대는 어흥하고 안으로 들어와 눈 깜짝할 사이에 할머니을 잡아먹었습니다.

'눈 깜짝할 사이에'라는 의미로 あっと는 '앗'이라는 감탄사입니다. 여기에 [間]라는 '시간적인 사이, 동안'이 붙은 표현으로 '앗이라고 말하는 사이에'라는 뜻이 됩니다.

···› その映画(えいが)は、あっという間(ま)に終(お)わりました。

그 영화는 눈 깜짝할 사이에 끝났습니다.

···› 楽(たの)しかった夏休(なつやす)みは、あっという間(ま)に過(す)ぎました。

즐거웠던 여름방학은 눈 깜짝할 사이에 지나갔습니다.

02 ～に違(ちが)いない ~임에 틀림없다

さては、あのおおかみがおばあさんを飲(の)み込(こ)んだに違(ちが)いない。

그럼 저 늑대가 할머니를 잡아먹은 것임에 틀림없어.

～に違(ちが)いない는 '~임에 틀림없다'라는 말로 같은 표현으로 ～に相違(そうい)ない가 있습니다. 강한 확신을 가지고 말할 때 사용합니다.

···› 犯人(はんにん)は彼(かれ)に違(ちが)いない。アリバイもないし、強(つよ)い動機(どうき)もあります。

범인은 그자임에 틀림없다. 알리바이도 없고 강한 동기도 있습니다.

···› 道(みち)が濡(ぬ)れていますね。雨(あめ)が降(ふ)ったに違(ちが)いありません。

길이 젖어 있군요. 비가 내렸음에 틀림없습니다.

03 ～たまま ～인 채로

何も知らないおおかみはまだ寝たままです。
아무것도 모르는 늑대는 아직 잠이 든 채입니다.

어떤 상태가 변하지 않고 그대로 유지될 때 동사의 た형+まま를 사용합니다. 또는 그 상태에서 다른 동작이 이루어지는 경우에도 사용됩니다.

…▸ 目を閉じたまま、私の話を聞いてください。
눈을 감은 채 저의 이야기를 들어 주세요.

…▸ 突然の火事だったのでパジャマを着たまま外へ飛び出して行った。
갑작스런 화재였기 때문에 잠옷을 입은 채 밖으로 뛰어나갔다.

…▸ パソコンをつけたまま寝てしまった。 컴퓨터를 켜둔 채 잠들고 말았다.

04 ～し ～하고

あれ、どうしてこんなにお腹が苦しいのかな。

おかしいなあ。のども渇いているし。
어라, 어째서 이렇게 배가 아픈 거지. 이상하네. 목도 마르고.

앞에 말하는 사항과 뒤에 말하는 사항을 나열하거나 대비할 때 사용합니다. 또는 이유나 원인의 의미로 사용되기도 합니다.

…▸ 今日は、むし暑いし、風もないし、まったくまいった。
오늘은 찌는 듯이 덥고 바람도 없고 정말 질렸다.

…▸ 金もあるし、暇もあるし、世界旅行でも行こう。
돈도 있고 여유도 있고 세계여행이라도 가자.

…▸ もう電車もないし、どうやって家に帰りますか。
이제 전철도 없고 어떻게 집으로 돌아갑니까?

확인 문제

중급 07 こたえましょう

1 赤(あか)ずきんちゃんはお母(かあ)さんに何(なに)を持(も)ってお見舞(みま)いに行(い)けと頼(たの)まれましたか。

① お菓子(かし)

② お菓子(かし)とワイン

③ おいしい料理(りょうり)

④ きれいな花(はな)

2 赤(あか)ずきんちゃんが森(もり)に行(い)ったとき何(なに)が現(あらわ)れましたか。

① おばあさん

② 小鳥(ことり)

③ 猟師(りょうし)

④ おおかみ

3 おおかみは誰(だれ)を食(た)べようとしましたか。

① 赤(あか)ずきんちゃん

② 赤(あか)ずきんちゃんとおばあさん

③ おばあさん

④ お母(かあ)さん

4 赤(あか)ずきんちゃんが、おばあさんの家(いえ)の中(なか)に着(つ)いたときにいたのは誰(だれ)ですか。

① お母(かあ)さんの真似(まね)をしたおおかみ

② おばあさんの真似(まね)をしたおおかみ

③ おばあさん

④ お母(かあ)さん

5 おおかみのお腹に小石を入れたのは誰ですか。

① お母さん

② 赤ずきんちゃん

③ 赤ずきんちゃんとおばあさんと猟師

④ おばあさんと猟師

6 赤ずきんちゃんは、おばあさんの家に行く途中、どうしてお母さんの言葉を忘れてお花畑に行ってしまったのですか。

7 おばあさんは、赤ずきんちゃんの真似をしたおおかみが来たときどうしてドアを開けてしまったのですか。

8 おばあさんの家を通りかかった猟師はどうして家の中をのぞきこんだんですか。

9 猟師は家の中に入るとすぐに何をしましたか。

10 おおかみは何をするときに井戸の中に落ちてしまったのですか。

고급 08

アリババと四十人(よんじゅうにん)の盗賊(とうぞく)

알리바바와 40인의 도적

昔、ペルシャの国の小さな町にカシムとアリババという兄弟がいました。兄のカシムは豊かに暮していましたが、非常に欲張りでした。一方、弟のアリババは貧しい木こりでしたが、正直で働き者でした。ある日、アリババが山で仕事をしていると、大きな馬に乗った盗賊達がやって来ました。アリババは急いで木に登り、息を殺して様子を見ていました。すると突然、盗賊の頭が洞穴の前で一声叫びました。「[4]開け、ごま。」盗賊達は次々と盗んできた宝石や金貨を運び終えると、今度は「[4]閉じろ、ごま。」とまた頭が叫びました。「さあ、早くしろ。帰るぞ。」という頭の命令と共に、盗賊達はさっと馬に乗り、風を切って、去って行きました。

낱말과 표현

盗賊 도적 | **ペルシャ** 페르시아 | **兄弟** 형제 | **豊かに** 풍요롭게 | **暮す** 살다, 생활하다 | **非常に** 대단히, 매우 | **欲張り** 욕심쟁이, 욕심꾸러기 | **一方** 한편, 반면 | **貧しい** 가난하다 | **木こり** 나무꾼 | **正直** 정직함 | **働き者** 부지런한 사람 | **馬** 말 | **息を殺す** 숨을 죽이다 | **様子を見る** 모습을 보다 | **突然** 갑자기 | **頭** 우두머리, 두목 | **洞穴** 동굴 | **叫ぶ** 외치다 | **開く** 열리다 | **ごま** 참깨 | **次々と** 차례로 | **盗む** 훔치다 | **宝石** 보석 | **金貨** 금화 | **運び終える** 운반하기를 끝내다 | **閉じる** 닫히다 | **命令** 명령 | **～と共に** ~와 함께 | **さっと** 휙, 훌쩍 | **～に乗る** ~에 타다 | **風を切る** 바람을 가르다 | **去る** 떠나다

この様子(ようす)を見(み)ていたアリババは、すばやく木(き)から下(お)り、洞穴(ほらあな)の前(まえ)に立(た)ちました。「あの頭(かしら)と同(おな)じ言葉(ことば)で叫(さけ)んだら、もしかしたら岩(いわ)が開(あ)くかも知(し)れないぞ。」アリババは盗賊(とうぞく)の頭(かしら)の真似(まね)をして「開(ひら)け、ごま。」と叫(さけ)びました。すると、洞穴(ほらあな)の岩(いわ)が大(おお)きく開(あ)きました。アリババは息(いき)を飲(の)み、洞穴(ほらあな)の中(なか)に入(はい)ってみると、そこには宝物(たからもの)が山(やま)のように積(つ)まれていました。「わあ、すごいぞ。金貨(きんか)だ。宝(たから)の山(やま)だ。」と歓声(かんせい)をあげました。そこは盗賊達(とうぞくたち)の秘密(ひみつ)の隠(かく)れ家(が)だったのです。アリババはそばにあった大袋(おおぶくろ)に金貨(きんか)と宝石(ほうせき)をできるだけ多(おお)く詰(つ)め、家(いえ)に持(も)ち帰(かえ)りました。そして妻(つま)に事(こと)の成(な)り行(ゆ)きを話(はな)しました。

낱말과 표현

すばやく 재빠르게 | **下りる** 내려오다 | **もしかしたら** 어쩌면 | **岩** 바위 | **開く** 열리다 | **～かも知れない** ~일지도 모른다 | **真似をする** 흉내를 내다 | **息を飲む** 숨을 삼키다 | **宝物** 보물 | **積まれる** 쌓여 있다 | **すごい** 대단하다 | **宝の山** 보물의 산 | **歓声をあげる** 환성을 지르다 | **秘密** 비밀 | **隠れ家** 은신처 | **そば** 옆 | **大袋** 큰 자루 | **できるだけ** 가능한 한 | **多く** 많은 | **詰める** 채우다 | **持ち帰る** 가지고 돌아오다 | **妻** 아내 | **成り行き** 자초지종, 되어가는 형편(과정)

数日後、この話を耳にした兄のカシムがアリババを問い詰めました。「アリババ、金貨をどこから持ってきたんだ。白状しろ。」と兄のカシムに言われたアリババは、仕方なく全てを話してしました。話を聞く[1]や否や、カシムは馬やろばを引き連れて洞穴に向かいました。「開け、ごま。」と言うと、岩が大きく動き始めました。「これはすごい。岩が動いたぞ。」カシムは大喜びで中に入って行きました。「おお、これこそ宝の山だ。全部俺のものだぞ。」と宝物に抱きつき大喜びをしました。しかし、何とその時、盗賊達が洞穴にどやどやとなだれ込んできたのです。そして頭はカシムを見る[1]や「やい、おまえか。宝を持ち出したのは。秘密を知った[2]からには生かしておく[3]わけにはいかないな。」と言って、一瞬にして刀でカシムを切ってしまいました。

낱말과 표현

数日後 며칠 후 | **耳にする** 듣다 | **問い詰める** 캐묻다, 추궁하다 | **白状する** 자백하다 | **仕方なく** 어쩔 수 없이 | **全て** 전부 | **ろば** 당나귀 | **引き連れる** 거느리다, 데리다 | **〜に向かう** ~로 향하다 | **動き始める** 움직이기 시작하다 | **大喜び** 아주 기뻐함 | **俺** 나 | **抱きつく** 껴안다 | **どやどや** 우르르 | **なだれ込む** 몰려오다, 밀어 닥치다 | **持ち出す** 들고 나가다 | **生かす** 살리다 | **一瞬にして** 순식간에 | **刀** 칼 | **切る** 베다

彼は「この男以外にもきっと仲間がいるはずだ。今すぐさがし出せ。早くしないとこの秘密がばれてしまう。」と言いました。盗賊達は「最近急に金持ちになった奴はいないか。」と街中を聞いて歩きました。すると町の靴屋が「あ、そういえばアリババが最近よく物を買ったりしているなあ。靴も一度に三足も買ってたし。」盗賊は早速アリババの家に行き、目印として玄関のドアに×印をつけておきました。ところがその様子をお手伝いさんのモルジアナが見ていました。盗賊がいなくなると、利口なモルジアナはチョークを持って町中の家に×印をつけて回りました。「これで大丈夫。これならアリババの家もわからないはずだわ。」と安心しました。しかし、アリババの家がどこかわからなくなった頭はカンカンに怒りました。そしてまた靴屋にお金を渡し、アリババの家に案内させました。

낱말과 표현

以外 이외 | きっと 반드시 | 仲間 한패, 동료 | さがし出す 찾아내다 | 秘密 비밀 | ばれる 들키다, 발각되다 | 最近 최근 | 急に 갑자기 | 金持ち 부자 | 奴 놈, 녀석 | 街中 시내, 번화가 | 靴屋 구두 가게 | ～足 ~켤레 | 早速 즉시, 당장 | 目印 표시 | 玄関 현관 | 印をつける 표시를 하다 | 様子 모양, 모습 | お手伝いさん 가정부 | 利口 영리함 | チョーク 분필 | 町中 온 마을 | 回る 돌다 | 安心する 안심하다 | かんかん 노발대발 | 怒る 화내다 | 渡す 건네다 | 案内させる 안내하게 하다

次の日、油売りに変装した頭は、４０の油壺を準備して、アリババの家を目指しました。実は、本当に油が入っているのは、その中のたった一つだけで、残りは盗賊達が中に隠れていたのです。「アリババ様。私は隣の国の油売りです。今夜一晩泊めてくれませんか。」と言いました。アリババは親切にもすぐ承知しました。しかし、疑い深いモルジアナは「何だか怪しい人だわ。不吉な感じがする。注意しなくちゃ。」とつぶやきました。夜になってランプの油が足りなくなったことに気がついたモルジアナは、油壺の並んでいる庭に行きました。すると「お頭、まだ出ちゃだめですか。」と壺の中から声がしました。とっさにモルジアナは頭の真似をして「まだだ。もう少しだから、そこでじっと待っていろ。」と言いました。モルジアナは知恵を絞り、壺の中の油を大鍋でぐらぐらと煮立てました。その油を子分達の壺の中に流し込んだのです。あまりの熱さに子分達は「ぎゃあ。」と言って気を失ってしまいました。しばらくして油壺の中をのぞいた盗賊の頭はびっくり仰天、ぶるぶる震え出しました。そして飛ぶようにして逃げて行きました。

낱말과 표현

油売り 기름장수 | 変装する 변장하다 | 油壺 기름 항아리 | 準備する 준비하다 | 目指す 목표로 하다, 향하다 | 実は 실은 | たった 단지, 오직 | 残り 나머지 | 隠れる 숨다 | 今夜 오늘 밤 | 一晩 하룻밤 | 泊める 머물다 | 親切にも 친절하게도 | 承知する 들어주다, 승낙하다 | 疑い深い 의심 많다 | 怪しい 수상하다 | 不吉 불길함 | 感じがする 느낌이 들다 | 注意する 주의하다 | つぶやく 중얼거리다 | ランプ 램프 | 足りない 부족하다 | 気がつく 눈치채다 | 並ぶ 늘어서다 | 庭 마당 | 声がする 목소리가 나다 | とっさに 즉시, 순간적으로 | じっと 가만히, 지그시 | 知恵を絞る 지혜를 짜다 | 大鍋 큰 냄비 | ぐらぐら 부글부글 | 煮立てる 펄펄 끓이다 | 子分 부하 | 流し込む 흘려 넣다, 붓다 | あまりの ~한 나머지, 몹시 ~한 결과 | 気を失う 정신을 잃다 | のぞく 들여다보다 | びっくり仰天 기겁함, 매우 놀람 | ぶるぶる 부들부들 | 震え出す 떨기 시작하다 | 飛ぶように 날듯이 | 逃げる 도망치다

01 ～や否や（＝や） ～하자마자

・話を聞くや否や、カシムは馬やろばを引き連れて洞穴に向かいました。
이야기를 듣자마자 카심은 말과 당나귀를 끌고 동굴로 출발했습니다.

・そして頭はカシムを見るや「やい、おまえか。宝を持ち出したのは。秘密を知ったからには生かしておくわけにはいかないな。」
그리고 두목은 카심을 보자마자 "어이, 너냐? 보물을 가져간 것은. 비밀을 안 이상 살려둘 수는 없지."

'～하자마자 바로'라는 의미로 동사의 사전형 + や否や/や를 사용합니다.

'거의 동시에'라는 느낌이 있습니다.

…▸ 「地震だ！」という声がするや否や、学生達は机の下に潜り込んだ。
"지진이다."라고 소리가 나자마자 학생들은 책상 아래로 숨어들었다.

…▸ 目覚し時計が鳴るや否や、飛び起きました。
알람시계가 울리자마자 벌떡 일어났습니다.

…▸ 母は部屋に入るや、テーブルの上の本を片付け始めた。
엄마는 방에 들어오자마자 테이블 위의 책을 정리하기 시작했다.

…▸ 有名な俳優が現れるや否や、ファン達は彼女を取り囲んだ。
유명한 배우가 나타나자마자 팬들은 그녀를 둘러 쌓다.

02 ~からには ~(한)이상은

秘密を知ったからには生かしておくわけにはいかないな。
비밀을 안 이상 살려둘 수는 없지.

강한 의지나 주장, 판단, 단정을 나타내는 표현입니다. '~한 사정이 있기 때문에'라는 의미로 '~한 이상'이라고 해석합니다.

···› 試合に出るからには、優勝したい。
시합에 나가는 이상은 우승하고 싶다.

···› 仕事を引き受けたからには、最後までやるべきだ。
일을 받아들인 이상은 마지막까지 해야 한다.

···› 約束したからには、その約束を守らなければならない。
약속한 이상은 그 약속을 지켜야만 한다.

···› 留学を決めたからには、一生懸命勉強しなければならない。
유학을 결정한 이상은 열심히 공부해야만 한다.

03 ～わけにはいかない ～할 수(는) 없다

秘密を知ったからには生かしておくわけにはいかないな。
비밀을 안 이상 살려둘 수는 없지.

사회적인 이유로 혹은 심리적인 이유로 '할 수 없다'고 할 때 사용합니다.

···› 明日大事な試験があるから、お酒を飲むわけにはいかない。
내일 중요한 시험이 있기 때문에 술을 마실 수 없다.

···› 会社の不正を見て、黙っているわけにはいかなかった。
회사의 부정을 보고 가만히 있을 수는 없었다.

···› 上司の娘さんの結婚式なので、出席しないわけにはいかない。
상사의 딸의 결혼식이기 때문에 출석하지 않을 수 없다.

04 명령형

「開け、ごま。」盗賊達は次々と盗んできた宝石や金貨を運び終えると、今度は「閉じろ、ごま。」とまた頭が叫びました。
"열려라 참깨!"도적들이 차례로 훔쳐 온 보석과 금화를 다 운반하자 이번에는 "닫혀라 참깨!"라고 두목이 외쳤습니다.

일본어로 직접적인 명령 형태는 잘 사용하지는 않습니다만 그런 표현을 아주 사용하지 않는 것은 아닙니다. 접속은 1그룹 동사는 어미 [う]단을 [え]단으로 바꿔주기만 하면 되고, 2그룹 동사는 어미 る를 떼고 ろ나 よ를 붙입니다. する는 しろ나 せよ, 来る는 こい로 바꿔주면 됩니다.

···› 急げ！遅刻だぞ。 서둘러! 지각이다.

···› 早く起きろ！ 빨리 일어나!

···› 一生懸命勉強しろ！ 열심히 공부해!

확인 문제

고급 08 こたえましょう

1 盗賊の頭が何と叫ぶと洞穴が開きますか。

① 閉じろ、ごま

② 早くしろ

③ 開け、ごま

④ 開け、閉じろ、ごま

2 アリババは宝物を持ち帰ったことを最初に誰に話しましたか。

① 妻

② カシム

③ 町の人達

④ モルジアナ

3 アリババはカシムに「金貨はどこから持ってきた」と言われた時どうしましたか。

① 喜んで話した

② 仕方なく全てを話した

③ 盗賊に聞いてくれと言った

④ 妻に聞いてくれと言った

4 カシムは誰を引き連れて洞穴へ向かいましたか。

① 馬　② ろば

③ 馬やろば　④ アリババ

5 盗賊(とうぞく)は何(なん)でカシムを切(き)りましたか。

① 刀(かたな)

② ナイフ

③ はさみ

④ 包丁(ほうちょう)

6 カシムとアリババはそれぞれどんな性格(せいかく)ですか。

7 盗賊達(とうぞくたち)はカシムの仲間(なかま)をさがすために町(まち)の人(ひと)に何(なん)と聞(き)いて回(まわ)りましたか。

8 盗賊達(とうぞくたち)がアリババの家(いえ)を知(し)ったのは誰(だれ)が何(なん)と言(い)ったからですか。

9 次(つぎ)の日(ひ)、 盗賊達(とうぞくたち)がアリババの家(いえ)に行(い)った時頭(ときかしら)は何(なに)に変装(へんそう)しましたか。

10 油壷(あぶらつぼ)に隠(かく)れている盗賊(とうぞく)を追(お)い払(はら)うためにモルジアナは知恵(ちえ)を絞(しぼ)って何(なに)をしましたか。

고급 09

おやゆび姫(ひめ)

엄지공주

昔、あるところに女の人が一人で住んでいました。彼女は一人の生活がとても淋しくて毎日神様にお祈りをしていました。「かわいい女の子を授けてください。」するとある日、神様が雲の中から現れて、「この種をまいてみなさい。」と小さな種をくれました。女の人は大喜びで早速もらった種をまきました。すると、あっという間に美しい花が咲きました。そして、驚いた[1]ことにその中にかわいらしい少女がちょこんと座っていたのです。女の人は「まあ、何てかわいい子なの。親指のように小さいからおやゆび姫と名前をつけてあげましょう。」と言って抱きあげました。女の人はかごを編んでベッドを作ってあげたり、まめのつるや葉っぱでブランコを作ってあげたりしました。花びらをたくさんしいて遊ばせたり、お皿に水を入れてその中で泳げるようにもしてあげました。

낱말과 표현

生活 생활 | 淋しい 쓸쓸하다 | 神様 하느님 | お祈り 기도 | 授ける 내리다, 하사하다 | 現れる 나타나다 | 種をまく 씨를 뿌리다 | 大喜び 아주 기뻐함 | 早速 곧, 즉시 | あっという間に 눈 깜짝할 사이에 | 美しい 아름답다 | 咲く (꽃이) 피다 | 驚く 놀라다 | かわいらしい 귀엽다 | 少女 소녀 | ちょこんと 오도카니, 달랑 | 座る 앉다 | 何て 어쩌면 그렇게 | 親指 엄지손가락 | 名前をつける 이름을 짓다 | 抱き上げる 안아 올리다 | かごを編む 바구니를 짜다 | ベッド 침대 | まめ 콩 | つる 덩굴 | 葉っぱ 잎사귀 | ブランコ 그네 | 花びら 꽃잎 | しく 깔다 | 遊ばせる 놀게 하다 | お皿 접시 | 泳ぐ 수영하다

ある晩、おやゆび姫がすやすや眠っている[2]ところに、ひきがえるがそっと入ってきました。「何てかわいい子だろう。ゲロゲロ。僕のお嫁さんに欲しいな。」と言ってベッドごとおやゆび姫を連れて行ってしまいました。ひきがえるの棲む池に着くと、蓮の葉に乗せて遊ばせました。しかし、おやゆび姫はひきがえるが怖くて泣き出してしまいました。その泣き声を聞き付けて魚やカニ達が集まってきました。「一体どうしたんだ。何だか女の子がとても怖がってるよ。早く助けてあげよう。」カニ達は蓮の茎をちょきちょきと切り、白いちょうちょうはつるをおやゆび姫の体に巻いてぐんぐん引っ張って行きました。

낱말과 표현

すやすや 새근새근 | **眠る** 자다 | **ひきがえる** 두꺼비 | **そっと** 살그머니, 몰래 | **ゲロゲロ** 개굴개굴 | **お嫁さん** 신부 | **欲しい** 원하다 | **ベッドごと** 침대 통째로 | **連れる** 데려가다 | **棲む** 살다, 서식하다 | **池** 연못 | **蓮** 연꽃 | **葉** 잎 | **乗せる** 위에 놓다, 태우다 | **怖い** 무섭다 | **泣き出す** 울기 시작하다 | **泣き声** 울음소리 | **聞き付ける** 우연히 들어서 알다, 얻어 듣다 | **魚** 물고기 | **カニ** 게 | **集まる** 모이다, 모여들다 | **一体** 도대체 | **怖がる** 무서워하다 | **助ける** 돕다 | **茎** 줄기 | **ちょきちょき** 싹둑싹둑 | **切る** 자르다 | **ちょうちょう** 나비 | **巻く** 감다, 말다 | **ぐんぐん** 쑥쑥 | **引っ張る** 잡아당기다

そこへ今度はブーンと一匹のこがね虫が飛んできました。「あ、かわいい子だなあ。僕のお嫁さんにしよう。仲間達に紹介しよう。」と言うと、おやゆび姫を抱き上げて木の上に連れて行ってしまいました。そして仲間達の前で「みんなどうだい。かわいいだろう。僕が見つけてきたんだよ。」と得意になって言いました。でも仲間達は笑って相手にしてくれません。「この子は足が二本しかないし、どう見ても変な格好をしているよ。」と言うので、こがね虫はがっかりしておやゆび姫を置いてさっとどこかへ飛んで行ってしまいました。木から降りて森の中に歩いていったおやゆび姫は、淋しさ[3]のあまり「お母さん、お家に帰りたいよ。寒いし、お腹が空いたよ。」と泣き出しました。

낱말과 표현

こがね虫 풍뎅이 | **飛ぶ** 날다 | **仲間** 동료, 한패 | **紹介する** 소개하다 | **見つける** 발견하다, 찾다 | **得意になる** 우쭐해지다 | **相手にする** 상대하다 | **～しかない** ~밖에 없다 | **どう** 어떻게 | **変** 이상함 | **格好をする** 모습을 하다 | **がっかりする** 실망하다 | **置く** 놓다, 두다 | **さっと** 휙, 훌쩍 | **降りる** 내려가다 | **お腹が空く** 배가 고프다

葉っぱを並べてベッドを作ったり、花を食べて何日か過ごしてる[4]うちに冷たい風が吹き、寒い冬が訪れました。おやゆび姫は、葉っぱを体に巻いて森の中をさ迷っていると、遠くに明かりが見えてきました。急いで行ってみると、そこは野ねずみの家でした。「すみません。助けてください。私はお腹が空いて死にそうなんです。何か食べ物をいただけませんか。」とおやゆび姫が言うと、野ねずみのおばさんが出て来ました。そして「この寒い中、森で迷ってしまったのね。早く中へ入りなさい。」と言って、おやゆび姫にごちそうをたっぷり食べさせてあげました。「おばさん、ありがとう。助かりました。」「もしよかったら、ずっとここにいてもいいのよ。」おやゆび姫はお手伝いをしながら野ねずみの家にいることにしました。何日かして、お金持ちのもぐらがやって来ました。「何てかわいい子なんだ。」と、もぐらはおやゆび姫を一目で気に入りました。彼は野ねずみのおばさんとおやゆび姫を散歩に連れ出しました。すると一羽のつばめがケガをして倒れていました。おやゆび姫はほっておけず、家に連れて帰ってやさしく看病してあげました。つばめは元気を取り戻して巣に帰って行きました。

낱말과 표현

並べる 늘어놓다 | **過ごす** 지내다 | **風が吹く** 바람이 불다 | **冬** 겨울 | **訪れる** 찾아오다 | **さ迷う** 정처없이 떠돌다, 방황하다 | **遠く** 멀리, 먼 곳 | **明かり** 빛, 등불 | **野ねずみ** 들쥐 | **迷う** 헤매다, 길 잃다 | **死にそうだ** 죽을 것 같다 | **ごちそう** 진수성찬 | **たっぷり** 듬뿍, 잔뜩 | **お手伝いをする** 거들다, 돕다 | **お金持ち** 부자 | **もぐら** 두더지 | **一目で** 한눈에 | **気に入る** 마음에 들다 | **散歩** 산책 | **連れ出す** 데리고 나가다 | **一羽** 한 마리 | **つばめ** 제비 | **ケガをする** 다치다, 부상을 입다 | **倒れる** 쓰러지다 | **ほっておく** 내버려 두다, 방치하다 | **看病する** 간병하다 | **取り戻す** 되찾다, 회복하다 | **巣** 둥지

やがて暖かな春がやって来ました。おやゆび姫が助けてあげたつばめは恩返しのため再びおやゆび姫を訪れて来たのです。「おやゆび姫、私を助けてくれてありがとう。私と一緒に空の旅に出ませんか。」と言うと「残念だけれど、私はもぐらさんと結婚させられてしまうの。お世話になった野ねずみのおばさんの勧めだから断ることもできないのよ。」と、おやゆび姫は答えました。「あなたのようなかわいい子が暗い穴の中でどうして暮さなきゃいけないの。さあ、私の背中に乗って。」と言うと、南の国に向かって飛び立ちました。おやゆび姫は野ねずみのおばさんの家に向かって手を合わせました。

낱말과 표현

やがて 마침내 | **春** 봄 | **恩返し** 은혜를 갚음 | **再び** 두 번, 재차 | **空の旅** 하늘 여행 | **出る** 떠나다, 출발하다 | **残念** 유감스러움, 아쉬움 | **結婚させられる** (억지로) 결혼하게 되다 | **お世話になる** 신세지다 | **勧め** 권유 | **断る** 거절하다 | **答える** 대답하다 | **暗い** 어둡다 | **穴** 굴 | **暮す** 살다, 생활하다 | **～なきゃいけない** ~하지 않으면 안 된다(＝なければいけない) | **背中** 등 | **南** 남쪽 | **～に向かう** ~로 향하다 | **飛び立つ** 날아오르다 | **手を合わせる** 두 손을 모으다

つばめの背中に乗って山を越え、海を越えて行くと、花園の国に着きました。すると一番大きな花の上に花の王子様が現れました。「ようこそいらっしゃいました。」王子様は金色の冠と白いベールをおやゆび姫にプレゼントしました。「王子様、ありがとう。」こうしてお互いを一目で気に入った二人は、しばらくして結婚することになりました。結婚式の日、花園の天使達がたくさん出て来てお祝いしました。天使達は愛する二人の上を舞いながら色とりどりの花びらを撒きながら歌を歌い、大喜びです。こうしておやゆび姫は王女様となって、王子様といつまでも幸せに暮しました。

낱말과 표현

越える 넘다, 넘어가다 | **花園** 화원, 꽃밭 | **着く** 도착하다 | **王子様** 왕자님 | **金色** 금색 | **冠** 관 | **ベール** 면사포 | **プレゼントする** 선물하다 | **こうして** 이렇게 해서 | **お互い** 서로 | **しばらくして** 잠시 지나서 | **天使** 천사 | **結婚式** 결혼식 | **お祝いする** 축하를 하다 | **愛する** 사랑하다 | **舞う** 춤추다 | **色とりどり** 형형색색 | **撒く** 뿌리다 | **王女様** 여왕님 | **～となる** ~가(이) 되다 | **いつまでも** 언제까지나 | **幸せに** 행복하게

문형과 문법

고급 09 まとめましょう

01 ～ことに ～(하)게도

そして、驚(おどろ)いたことにその中(なか)にかわいらしい少女(しょうじょ)がちょこんと座(すわ)っていたのです。

그리고 놀랍게도 그 안에는 귀여운 소녀가 오도카니 앉아 있었던 것입니다.

'너무나~ 하다'라는 감정을 표현하는 용법입니다. 동사의 た 형/ 형용사의 명사 수식형태에 접속합니다.

…› 嬉(うれ)しいことに、明日(あした)からガソリン料(りょう)が値下(ねさ)げされるそうだ。
기쁘게도 내일부터 휘발유 값이 내린다고 한다.

…› 大変(たいへん)なことに、今週(こんしゅう)三(みっ)つもレポートがある。
힘들게도 이번 주에 리포트가 3개나 있다.

02 ～ところに ～때에

ある晩(ばん)おやゆび姫(ひめ)がすやすや眠(ねむ)っているところに、ひきがえるがそっと入(はい)ってきました。

어느 날 밤 엄지공주가 새근새근 잠을 자고 있을 때에 두꺼비가 몰래 들어왔습니다.

어떤 시점이나 행위의 단계에 ～ところに/～ところへ/～ところを/～ところで를 사용할 수 있습니다.

…› 家(いえ)を出(で)ようとしたところに電話(でんわ)がかかってきた。
집을 나가려고 할 때 전화가 걸려 왔다.

…› いいところへ来(き)ましたね。ちょうどコーヒーを入(い)れたところです。
좋은 때에 오셨네요. 마침 커피를 끓였습니다.

…› さぼっているところを、先生(せんせい)に見(み)られてしまった。
땡땡이 치고 있을 때 선생님에게 들켜 버렸다.

03 ~のあまり ~한 나머지

木から降りて森の中に歩いて行ったおやゆび姫は、
淋しさのあまり「お母さん、お家に帰りたいよ。
寒いし、お腹が空いたよ。」と泣き出しました。

나무에서 내려와 숲 속을 걷고 있던 엄지공주는 너무나도 쓸쓸한 나머지 "엄마, 집으로 돌아가고 싶어요. 춥고 배도 고파요."라며 울기 시작했습니다.

지나치게 ~한 결과로 좋지 않은 일이 일어났을 때 사용합니다. 주로 명사 뒤에 사용하는 일이 많습니다만 동사의 사전형이나 た 형 뒤에 붙어서도 사용할 수 있습니다.

··· 面接の時、緊張のあまり質問に答えられなかった。
면접 때 너무나 긴장한 나머지 질문에 대답할 수 없었다.

··· テレビに熱中していたあまり、湯を沸かしたのを忘れた。
텔레비전에 열중한 나머지 물을 끓인 것을 잊어버렸다.

04 ~うちに ~동안에

葉っぱを並べてベッドを作ったり、花を食べて何日か
過ごしてるうちに冷たい風が吹き、寒い冬が訪れました。

나뭇잎을 깔고 침대를 만들거나 꽃을 먹고 며칠인가 보내는 동안에 차가운 바람이 불고 추운 겨울이 찾아왔습니다.

~うちに는 어떤 변화가 일어나기 전에 뭔가를 할 경우에 사용합니다. 동사의 ない형이나 ている형에 접속합니다.

··· 赤ちゃんが寝ているうちに、掃除と洗濯をしよう。
아기가 자고 있는 동안에 청소와 빨래를 해야지.

··· 暗くならないうちに早く帰りましょう。
어두워지기 전에 빨리 돌아갑시다.

··· 学生のうちに、将来の目標を決めたいです。
학생인 동안에 장래의 목표를 정하고 싶습니다.

확인 문제

고급 09 こたえましょう

1 神様が雲の中から現れた時に、くれたものは何ですか。

① 葉っぱのブランコ

② 美しい花

③ かごのベッド

④ 小さな種

2 おやゆび姫はひきがえるを見てどうしましたか。

① 怖くて泣き出してしまった

② 一緒に遊んだ

③ 魚やカニと一緒に泣いた

④ 楽しくて泣いてしまった

3 こがね虫はおやゆび姫をどこに連れて行きましたか。

① 森の中

② 蓮の葉の上

③ 木の上

④ 家

4 つばめの背中に乗って着いたところはどこでしたか。

① 暗い穴の中

② 海

③ 花園の国

④ 森の中

5 おやゆび姫(ひめ)と結婚(けっこん)したのは誰(だれ)ですか。

① つばめ

② 花(はな)の王子様(おうじさま)

③ もぐら

④ 花園(はなぞの)の王子(おうじ)

6 女(おんな)の人(ひと)は毎日(まいにち)，神(かみ)にどんな祈(いの)りをささげましたか。

7 女(おんな)の人(ひと)はどうしておやゆび姫(ひめ)と名前(なまえ)をつけたのですか。

8 どうしてこがね虫(むし)はがっかりしておやゆび姫(ひめ)をおいてどこかへ飛(と)んで行(い)ってしまったのですか。

9 おやゆび姫(ひめ)はケガをしたつばめに何(なに)をしてあげましたか。

10 なぜおやゆび姫(ひめ)はもぐらと結婚(けっこん)しなければいけなかったですか。

고급 10

ヘンゼルとグレーテル

헨젤과 그레텔

昔、森の中に木こりの家がありました。その家はお父さんとヘンゼルとグレーテルという兄妹が住んでいました。お母さんは病気ですでに亡くなっていました。その後、お父さんが結婚した継母はとても意地悪な人でした。ある時、この国がかんばつで食べ物が食べられなくなってしまいました。それで継母は「このままだとみんな飢えで死んでしまう。仕方がないから子供を捨てようよ。」と夫に話しました。お父さんは死ぬ[1]ほど反対しましたが、妻に押し切られ泣く泣く承知してしまいました。たまたまその話を聞いてしまったヘンゼルは、こっそり外に出て小石をたくさん拾い、ポケットに詰め込んでおきました。次の朝、継母は「さあ、山に仕事に行くよ。」と子供達に言いました。二人は継母の後を付いて行きましたが、ヘンゼルはポケットに詰め込んでおいた小石を少しずつ道に落として行きました。何も知らないグレーテルは「山に行くのは久しぶりだね。嬉しいなぁ。」と大はしゃぎで付いて行きました。ようやく深い山に着くと、継母は「すぐ帰って来るからちょっとここで待っているんだよ。」と二人に言いました。

낱말과 표현

木こり 나무꾼 | **病気** 병 | **すでに** 이미, 벌써 | **亡くなる** 죽다 | **継母** 계모 | **意地悪** 심술궂음 | **かんばつ** 가뭄 | **このまま** 이대로 | **飢え** 기아, 굶주림 | **仕方がない** 어쩔 수 없다, 방법이 없다 | **捨てる** 버리다 | **夫** 남편 | **反対する** 반대하다 | **妻** 아내 | **押し切られる** 떠밀리다 | **泣く泣く** 울며울며 | **承知する** 들어주다, 승낙하다 | **たまたま** 마침, 우연히 | **こっそり** 살그머니, 살짝 | **小石** 작은 돌 | **拾う** 줍다 | **ポケット** 주머니 | **詰め込む** 채워(집어) 넣다 | **仕事に行く** 일하러 가다 | **付いて行く** 따라가다 | **落とす** 떨어뜨리다 | **久しぶり** 오래간만 | **嬉しい** 기쁘다 | **大はしゃぎ** 크게 재잘거림 | **ようやく** 겨우, 가까스로 | **深い** 깊다 | **ちょっと** 잠깐, 잠시

しかし、その後二人が[2]いくら待ってもとうとう継母は戻って来ませんでした。やがて、夕方になっても迎えに来てくれないので、グレーテルは恐ろしくなって泣き出してしまいました。ヘンゼルは「お月様が出たら、月明かりで道が見えるから大丈夫。きっと帰れるよ。」来る時に置いた小石をたどりながら家に戻って来ました。二人が帰ったのを知った継母は、顔をこわばらせて「まあ、よく帰ったね。さがしていたんだよ。」と言いました。しかし、内心は「一体どうやって帰ってこれたんだろう。」と悔しく思ったのでした。

낱말과 표현

とうとう 결국, 끝내 | 戻る 돌아오다 | やがて 마침내 | 夕方 저녁 | 迎える 맞이하다 | 恐ろしい 무섭다 | 泣き出す 울기 시작하다 | お月様 달님 | 月明かり 달빛 | 大丈夫 괜찮음 | きっと 반드시 | 置く 놓다, 두다 | たどる 헤매며 찾아가다 | 顔をこわばらせる 얼굴을 찡그리다, 얼굴이 굳어지다 | さがす 찾다 | 内心 내심, 마음 속 | 一体 도대체 | どうやって 어떻게 | 帰ってこれる 돌아올 수 있다 | 悔しい 분하다

次の日、木こりと継母は最後のパンを一欠片づつ子供達にあげ、継母がまた二人を森の中に連れて行きました。同じように二人は森に残され、夜になっても継母は迎えに来てくれません。ふくろうはホーホーと泣き、こうもりはバタバタと辺りを飛び回るので、恐ろしさのあまりグレーテルは泣き出してしまいました。ヘンゼルは「心配しなくていいよ、グレーテル。大丈夫だよ。お月様が出たら帰れるから。今度はパンくずを落としてきたからね。」と言いました。お月様が出ると二人は早速来た道を引き返しましたが、落したはずのパンくずがどこにも見当たりません。小鳥達のえさになってしまったのです。二人はがっかりしました。あちこち歩き回った二人は疲れはてて木の下で眠ってしまいました。

낱말과 표현

一片 한 조각 | ～づつ ~씩 | 連れる 데려가다 | 同じように 똑같이, 마찬가지로 | 残される 남겨지다 | ふくろう 올빼미 | こうもり 박쥐 | バタバタ 푸드득푸드득 | 辺り 주변, 근처 | 飛び回る 날아다니다 | ～のあまり ~한 나머지 | 心配する 걱정하다 | パンくず 빵부스러기 | 早速 즉시, 당장 | 引き返す 되돌아가다 | 見当たる 발견되다, 눈에 띄다 | えさ 먹이 | がっかりする 실망하다 | あちこち 여기저기 | 歩き回る 걸어다니다 | 疲れはてる 지칠대로 지치다 | 眠る 잠들다

やがて朝露が二人の顔にポトンと落ち、小鳥のさえずりが聞こえるころ、二人は目を覚ましました。小川の音が聞こえてくるのでそちらに行ってみると、小さな家が見えてきたので、二人は走って行きました。近づいてみると、何とそれはお菓子で出来た家でした。二人は大喜びで家に飛び付き「ああ、おいしい。こんなの初めてだ。あ、柱がチョコレートで出来てるぞ。それに屋根はクッキーで、かべはパンだよ。早く食べよう。」と言って夢中で食べました。しかし、実はそれをこっそり見ていたおばあさんがいたのです。おばあさんは持っていた杖を振りながら「いい子達だね。こっちにお入り。」と、ドアを開けてくれました。

낱말과 표현

朝露 아침이슬 | 落ちる 떨어지다 | さえずり (새의) 지저귐 | 目を覚ます 눈을 뜨다, 잠을 깨다 | 小川 시냇물 | 近づく 다가가다 | お菓子 과자 | 出来る 만들어지다 | 大喜び 아주 기뻐함 | 飛び付く 달려들다 | 柱 기둥 | それに 게다가 | 屋根 지붕 | クッキー 쿠키 | かべ 벽 | 夢中 열중함, 몰두함 | 杖 지팡이 | 振る 흔들다 | ドアを開ける 문을 열다

そして二人(ふたり)を中(なか)に入(い)れると、テーブルにあったくだものやお菓子(かし)もごちそうしてくれました。お腹(なか)がいっぱいになった二人(ふたり)は、すぐにすやすやと眠(ねむ)ってしまいました。おばあさんはヘンゼルをこっそりと抱(だ)くと、別(べつ)の部屋(へや)に閉(と)じ込(こ)めてしまいました。ヘンゼルの寝顔(ねがお)を見(み)ながら「ふふふ、この子(こ)はちょうど食(た)べ頃(ごろ)でおいしそうだ。でも、もう少(すこ)し太(ふと)らせてからの方(ほう)がもっとおいしいかな。」とつぶやきました。何(なん)と、このおばあさんは人食(ひとく)い魔女(まじょ)だったのです。魔女(まじょ)はグレーテルを起(お)こし、早速(さっそく)こき使(つか)い始(はじ)めました。「すぐに森(もり)へ行(い)ってたきぎを拾(ひろ)っておいで。それから水(みず)の準備(じゅんび)もやるんだよ。さあ、この男(おとこ)の子(こ)に食(た)べ物(もの)をたくさん食(た)べさせるんだ。やせた子(こ)はおいしくないんだからね。」と火(ひ)の杖(つえ)を持(も)って命令(めいれい)しました。グレーテルは恐(こわ)いので魔女(まじょ)の言(い)う[3]通(とお)りにするしかありませんでした。魔女(まじょ)のために働(はたら)きながらも、グレーテルはどうにかしてヘンゼルを助(たす)けることができないかと考(かんが)えました。

낱말과 표현

ごちそうする 먹을 것을 대접하다 | **すやすや** 새근새근 | **抱く** 안다 | **別** 다름, 같지 않음 | **閉じ込める** 가두다 | **寝顔** 자는 얼굴 | **ちょうど** 마침, 알맞게 | **食べ頃** 먹어서 가장 맛있는 시기, 제철 | **太らせる** 살찌게 하다 | **つぶやく** 중얼거리다 | **人食い魔女** 식인 마녀 | **起こす** 깨우다 | **こき使い始める** 사정없이 부려먹기 시작하다, 혹사하기 시작하다 | **たきぎ** 장작 | **準備** 준비 | **やせる** 마르다 | **怖い** 무섭다 | **命令する** 명령하다 | **～のために** ~를 위해서 | **働く** 일하다 | **どうにか** 어떻게든 | **助ける** 돕다

そうしたある日、お腹を空かせた魔女が「今からヘンゼルを食べるから、かまどの火加減を見てくるんだよ。」と言いました。グレーテルはとっさに「どうやって開けるかわからないわ。」と言いました。魔女は「かまどの開け方も知らないのかい。お前は本当に役立たずな子だね。」とかまどの中をのぞきました。グレーテルはその時、「それ、今だ。」と言うと、魔女をかまどの中に突き飛ばし、かまどの口をばたんと閉めてしまいました。そしてすぐにグレーテルはヘンゼルを部屋から出してあげました。「危ないところだったね。でももう大丈夫。恐い魔女は死んじゃったよ。助かって良かった。」と二人は抱き合って喜びました。魔女の家を後にして、二人は手をつないで森の中をどんどん歩いて行きました。足の痛いのも忘れて歩いて行くと、遠くに懐かしい家が見えてきました。無事に帰って来た二人を見て、木こりのお父さんは涙を流して抱きしめました。そして「私が悪かったよ。一日もおまえ達を忘れたことはなかったんだ。許しておくれ。」と泣き続けました。継母はすでに亡くなっていました。その後、三人は幸せに暮しました。

낱말과 표현

そうした 그러한, 그런 | **お腹を空かせる** 배를 곯리다 | **かまど** 아궁이, 부뚜막 | **火加減** 불이 타는 상태, 불기운 | **とっさに** 순간적으로 | **開け方** 여는 방법 | **役立たずな** 도움이 되지 않는 | **のぞく** 엿보다, 들여다보다 | **突き飛ばす** 들이 밀치다, 냅다 밀치다 | **ばたん** 쿵 | **閉める** 닫다 | **危ない** 위험하다 | **死んじゃった** 죽어 버렸다(=死んでしまった의 축약표현) | **抱き合う** 서로 껴안다 | **喜ぶ** 기뻐하다 | **手をつなぐ** 손을 잡다 | **どんどん** 순조롭게, 척척 | **遠く** 멀리, 먼 곳 | **懐かしい** 그립다 | **無事に** 무사하게 | **涙を流す** 눈물을 흘리다 | **抱きしめる** 껴안다 | **許す** 용서하다 | **幸せに** 행복하게 | **暮す** 살다, 생활하다

01 ～ほど ～정도, ～만큼

お父(とう)さんは死(し)ぬほど反対(はんたい)しましたが、妻(つま)に押(お)し切(き)られ泣(な)く泣(な)く承知(しょうち)してしまいました。

아버지는 죽을 정도로 반대했습니다만 아내에게 떠밀려 울며울며 승낙을 해 버렸습니다.

'너무나 ～할 만큼(정도)'라는 의미로 ～ほど를 사용합니다.

…▸ 久(ひさ)しぶりに国(くに)の母(はは)の声(こえ)を聞(き)いて、涙(なみだ)が出(で)るほど嬉(うれ)しかった。

오랜만에 고국의 어머니의 목소리를 듣고 눈물이 나올 정도로 기뻤다.

…▸ 持(も)ちきれないほどの荷物(にもつ)がある。

다 들 수 없을 정도의 짐이 있다.

…▸ あの高校生(こうこうせい)は、プロチームに入(はい)れるほどの力(ちから)を持(も)っている。

저 고등학생은 프로팀에 들어갈 수 있을 정도의 실력을 가지고 있다.

…▸ 明日(あした)までにしなければならないのが山(やま)ほどあります。

내일까지 해야만 할 것이 산만큼 있습니다.

02 いくら～ても（でも） 아무리 ～해도

しかし、その後(あと)二人(ふたり)がいくら待(ま)ってもとうとう継母(ままはは)は戻(もど)って来(き)ませんでした。

그러나 그 후 둘이 아무리 기다려도 계모는 돌아오지 않았습니다.

'아무리 ～해도'의 의미로 いくら～ても(でも)를 사용합니다.

…▸ いくら頑張(がんば)っても彼(かれ)には勝(か)てない。

아무리 노력해도 그는 이길 수 없다.

…› いくら困難でも私は彼女に会いに行きます。
아무리 힘들어도 나는 그녀를 만나러 갑니다.

…› いくら金持ちになっても、健康をお金で買えません。
아무리 부자가 되어도 건강을 돈으로 살 수 없습니다.

03 ～通り(に) ～대로

グレーテルは恐いので魔女の言う通りにするしかありませんでした。
그레텔은 무서워서 마녀가 하라는 대로 하는 수 밖에 없었습니다.

명사 + どおり/명사 + のとおり로 사용하거나 동사의 사전형 혹은 た형에 접속합니다.

…› その企画は計画どおりに進んでいる。
그 기획은 계획대로 진행되고 있다.

…› 今日は天気予報の通りに快晴だ。
오늘은 일기예보대로 쾌청하다.

…› 説明書に書いてある通りに組み立ててみたが、だめだった。
설명서에 쓰여 있는 대로 조립해 봤지만 안 되었다.

…› 私の言った通りしてください。
내가 말한 대로 해 주세요.

확인 문제

고급 10 こたえましょう

1 この国でなぜ食べ物が食べられなくなったのですか。

① 貧乏なため

② かんばつのため

③ 継母が意地悪なため

④ お母さんが病気で亡くなったため

2 ヘンゼルは継母とグレーテルと最初に山に行った時、何を落としましたか。

① パンくず

② 小石

③ クッキー

④ たきぎ

3 お菓子の家のおばあさんは誰ですか。

① 人食い魔女

② 継母の友人

③ 亡くなってしまったお母さん

④ 木こりのお父さんの友人

4 人食い魔女は誰を食べようとしましたか。

① 木こり

② グレーテル

③ 太った子

④ ヘンゼル

5 人食い魔女が死んだ後、ヘンゼルとグレーテルはどうやって帰りましたか。

① 走って帰った

② 木こりのお父さんが迎えに来てくれた

③ 森の中を歩いて帰った

④ おんぶして帰った

6 食べ物が食べられなくなった時、継母は夫に何と言いましたか。

7 継母の話を聞いて、最初ヘンゼルはどうしましたか。

8 ヘンゼルが落としてきたパンくずはどうしてなくなったのですか。

9 ヘンゼルが閉じ込められた部屋から出られたのは、グレーテルが何をしたからですか。

10 木こりのお父さんは二人が帰って来た時どうしましたか。

해석과 정답

ジャックとまめの木(き)

재크와 콩나무

옛날 어느 시골에 장난을 좋아하는 재크라는 남자아이와 어머니가 둘이서 살고 있었습니다. 집에는 소가 한 마리 있었지만 먹을 음식도 없어져 생활이 어려워졌습니다. 그래서 어머니가 "재크야, 마을에 가서 이 소를 팔아오렴."이라고 말했습니다. 재크는 바로 소를 끌고 나갔습니다. 가는 도중에 수염이 긴 아저씨를 만났습니다. 아저씨는 "꼬마야, 이 콩과 그 소를 바꾸지 않을래? 이 콩은 덩굴이 하늘까지 자라는 마법의 콩이란다."라고 했습니다. 재크는 마법의 콩이라고 듣고는 기뻐서 금방 그 이야기를 믿어 버렸습니다. 그리고 "마법의 콩이라니 대단한걸."이라고 기뻐하며 집으로 돌아왔습니다. 어머니에게 그 콩을 보여 드리자, 어머니는 얼굴이 빨개지며 화를 냈습니다. "이제부터 어떻게 하니. 네가 그렇게 머리가 나쁠 줄은 생각도 못 했구나."라며 그 콩을 창 밖으로 던져 버렸습니다.

그러나 다음 날 아침 밖을 보니 버렸던 콩에서 덩굴이 하늘 높이까지 자라 있었습니다. 재크는 "역시 아저씨가 말한 대로 정말이었던 거야. 마법의 콩이야."라고 말하고는 바로 밖으로 뛰어나가 덩굴을 붙잡고 슥슥 올라갔습니다. 구름 위에 있는 넓은 길을 걸어가자 큰 집에 도착했습니다. 그 현관에는 커다란 여자가 서 있었습니다. 그 여자는 재크를 보더니 깜짝 놀란 얼굴로 말했습니다. "꼬마야, 어떻게 여기까지 왔니? 남편이 돌아오면 큰일나. 그 즉시로 잡혀먹혀 버릴 테니까 어서 돌아가렴."이라고 말했습니다. 여자는 도깨비의 아내였던 것입니다. 재크는 "아침부터 아무것도 먹지 않아서 움직일 수 없어요. 도망칠 바에 잡혀먹히는 편이 나아요."라고 대답했습니다. 마음 착한 도깨비의 아내는 빵과 스프를 재크에게 주었습니다. 재크가 "맛있는걸. 정말로 맛있어."라며 먹고 있는데 쿵쿵 소리가 났습니다. 도깨비의 아내는 깜짝 놀라서 "이런 어떻게 하지. 남편이 돌아왔어."라며 바로 재크를 상자 속에 들어가게 했습니다.

배가 고픈 도깨비는 집에 돌아오자 바로 소를 눈 깜짝할 사이에 먹어치우고는 이번에는 테이블 위에 금하프를 올려놓았습니다. 그리고 "자, 나를 위해서 노래를 하렴."이라고 하자 금하프가 혼자서 노래를 부르기 시작했습니다. 즐거운 도깨비는 잠시 후 잠을 자기 시작했습니다. 그 사이에 재크는 상자에서 뛰어나와 "지금이야."라며 금하프를 안고 도망쳤습니다. 그러자 하프가 "주인님, 주인님. 남자아이가 저를 가지고 도망치고 있어요."라고 큰 소리를 질렀습니다. 그 목소리에 도깨비가 벌떡 일어나 재크를 뒤쫓아갔습니다. "이 놈 게 서라. 도둑놈아." 재크는 올라왔던 콩 덩굴을 이번에는 주르륵 미끄러져 내려왔습니다. 그리고 밑에 닿자마자 아래에서 재크를 보고 있던 어머니가 가지고 온 도끼로 있는 힘껏 덩굴을 잘랐습니다. 도깨비는 그대로 하늘에서 쿵하고 밑으로 떨어져 버렸습니다.

マッチ売(う)りの少女(しょうじょ)

성냥팔이 소녀

12월 31일, 눈이 내리는 조용한 밤이었습니다. 소녀 한 명이 거리에서 성냥을 팔고 있었습니다. 길을 걷고 있는 사람에게 "성냥은 어떠세요? 성냥이요."라고 큰 소리로 말했습니다. 온종일 서 있었지만 아무도 사 주지 않습니다. 눈 속을 사람들이 서둘러 집으로 돌아갔습니다. 여기저기 집에 불이 지펴지고 맛있는 음식 냄새가 났습니다. 소녀는 "아아, 다리가 아프고 추워. 빨리 집에 돌아가고 싶어. 배도 고파."라고 지쳐서 어느 집 현관에 앉았습니다. "이제 더 못 걷겠어. 하지만 빨리 성냥을 팔지 않으면 모두 돌아가 버릴 거야."

소녀는 천천히 일어나서 또 걷기 시작했습니다. 눈은 자꾸자꾸 내려 소녀의 머리까지 새하얗게 되었습니다. 어느 집에서도 밝은 목소리가 들려오고, 맛있는 음식을 먹고 기뻐하는 웃음소리가 들려왔습니다. 소녀는 "아, 나도 따뜻한 방에서 배불리 맛있는 음식을 먹어 보고 싶어. 나에게도 옛날에는 그런 때가 있었는데. 이 성냥을 켜면 조금은 따뜻해질까."라며 슥하고 성냥을 그었습니다. 그러자 성냥의 불 뒤쪽으로 커다란 난로가 나타났습니다. "아아 따뜻해. 이걸로 조금 따뜻해지는구나." 기쁜 듯이 말했습니다. 그 난로로 가까이 가려고 하자 난로는 금세 눈앞에서 사라져 버렸습니다. 그리고 소녀의 손에는 다 탄 성냥만이 남았습니다. 소녀는 또 하나의 성냥을 켰습니다. 슈욱. 이번에는 불 속에 통닭이 나타났습니다. 매우 뜨겁고 맛있을 거 같습니다. "어머나 맛있겠다. 이제야 먹을 수 있겠구나."라며 먹으려고 하자 성냥이 다 타서 통닭도 사라져 버렸습니다.

소녀는 또 성냥을 켰습니다. 그러자 성냥 불이 크게 흔들리며 많은 초와 장식이 달린 아름다운 크리스마스 트리가 눈앞에 나타났습니다. "와아. 이렇게 멋진 트리는 처음이야. 예쁘다."라며 손을 뻗었지만 트리도 사라져 버렸습니다. 그렇지만 촛불만은 점점 커져서 하늘 높이 올라갔습니다. 그리고는 긴 빛의 강이 되고 그 후에 별이 되었습니다. 소녀는 "아, 정말로 예쁘구나." 눈물을 흘리면서 보고 있는데 별똥별이 눈에 띄었습니다. "아 별똥별. 오늘 밤에도 누군가가 죽는구나." 소녀는 옛날 할머니가 가르쳐 준 이야기를 떠올렸습니다. "별이 떨어질 때는 사람의 마음이 신에게 돌아가는 거란다."

소녀는 성냥을 하나 더 그었습니다. 그러자 불 속에 웃고 있는 할머니가 나타났습니다.
" 아 할머니. 저도 함께 가고 싶어요. 저 하늘에 가시는 거죠."라고 소녀는 큰 목소리로 말했습니다. 할머니가 사라지지 않도록 남은 성냥을 전부 켰습니다. "이걸로 계속 할머니와 함께 있을 수 있어."라고 말했습니다. 불이 커져서 할머니가 소녀의 손을 잡았습니다. 그대로 두 사람은 빛 속을 하늘 높이 올라갔습니다. 소녀는 가슴이 벅차올라 행복한 듯이 눈을 감았습니다. 다음 날 아침이 되어 마을 사람들은 현관에 쓰러져 있는 소녀를 발견하였습니다. 소녀는 이제 차가워져 있었습니다. 그렇지만 소녀의 얼굴은 행복한 꿈을 꾸면서 자고 있는 듯했습니다. 마을 사람들은 마음으로부터 소녀의 명복을 빌었습니다.

はだかの王様(おうさま)

벌거벗은 임금님

옛날, 어느 나라에 매우 멋부리기를 좋아하는 임금님이 있었습니다. 이 임금님은 매일 다른 옷을 입고는 거울을 보고 기뻐했습니다. 그러나 그러는 동안에 임금님을 위해서만 옷을 만드는 재단사는 아이디어가 바닥나 버려 매우 곤란해졌습니다. 그런 어느 날, 이웃나라에서 두 명의 거짓말쟁이 재단사가 찾아왔습니다. "임금님, 우리들은 이웃나라에서 온 누구에게도 지지 않는 매우 진귀한 옷을 만드는 재단사입니다. 우리들이 임금님을 위해서 멋진 의상을 만들겠습니다." 라고 말했습니다. "오호, 한번 보고 싶구나. 만들어 보거라." 임금님이 말합니다. 재단사는 "그것은 훌륭한 옷입니다만 머리가 좋은 사람에게는 보여도 바보에게는 절대로 보이지 않는 옷입니다." "뭐라고! 바보에게는 보이지 않는다고 말하는 건가?" "네, 그렇습니다."

임금님은 그 말을 듣고는 매우 가지고 싶어져서 바로 그 옷을 만들도록 지시했습니다. 두 명의 거짓말쟁이는 아침부터 밤까지 덜컥덜컥 양복을 만드는 시늉을 하였습니다. 임금님은 만들고 있는 곳이 보고 싶어져 신하에게 재단사가 일하는 곳을 보러 가게 하였습니다. 그러나 양복 따위는 어디에도 없습니다. 신하는 깜짝 놀랐습니다만 바보라고 생각되고 싶지 않아서 "여어, 일은 잘 되고 있는가? 오호, 예쁘게 만들어질 것 같구나."라고 큰 소리로 칭찬하였습니다. "임금님이 이것을 보신다면 반드시 마음에 들어하실 것입니다. 대신님." 재단사가 말하자 신하는 "그래, 그렇구나."라고 말했습니다. 작업장을 나온 후 신하는 바로 임금님에게 갔습니다. "임금님, 저는 그렇게 멋진 옷은 처음 보았습니다. 정말로 깜짝 놀랐습니다." 그 말을 들은 임금님은 참을 수 없게 되어서 신하들과 작업장을 보러 갔습니다. 재단사는 "임금님 어떻습니까? 멋지지요."라고 말하자 신하들도 모두 "우와. 어서 이 옷을 입은 임금님을 보고 싶습니다." 아무것도 보이지 않으면서 그렇게 말했습니다. 물론 임금님도 아무것도 보이지 않습니다. 그러나 바보라고 생각되고 싶지 않아서 땀을 닦으면서 말했습니다. "빨리 입고 싶구나. 기대하고 있겠다."라고 말하고는 돌아갔습니다.

며칠 후 두 사람의 거짓말쟁이 재단사는 "드디어 완성되었습니다. 봐 주세요."라며 옷을 임금님에게 전하러 왔습니다. 그러나 그 옷은 누구에게도 보이지 않습니다. 임금님은 "정말로 훌륭하도다."라고 칭찬하였습니다. 그러나 마음 속으로는 "모두 보이는데 나만 보이지 않다니."라고 슬퍼졌습니다. 임금님은 거울 앞에서 벌거숭이가 되었습니다. 그리고 옷을 입는 시늉을 하였습니다. 거짓말쟁이 재단사도 옷을 입히는 시늉을 하고는 기쁜 듯이 말했습니다. "온 나라 사람들이 이것을 보면 매우 놀랄 것입니다. 반드시 지금까지 본 적 없는 옷이다, 훌륭하다라고 할 것입니다."

임금님의 진귀한 옷에 대한 소문이 온 나라에 퍼졌습니다. 그리고 마침내 임금님이 마을로 왔습니다. 임금님은 "이렇게 가볍고 시원한 옷은 처음이다. 아, 새라도 된 것 같구나."라고 말했습니다. 바보라고 생각되고 싶지 않은 마을 사람들은 팬티 한 장을 입은 벌거벗은 임금님을 보고 모두 칭찬하였습니다. 그러자 길을 걷고 있는 임금님을 본 남자아이 한 명이 큰 소리로 말했습니다. "아, 임금님이 벌거벗고 걷고 있네. 팬티 한 장인 벌거숭이 임금님이다. 재미있다." 그것을 본 사람들도 모두 웃기 시작했습니다. "맞아. 역시 임금님은 벌거숭이야. 재단사가 거짓말을 한 거야."라고 말하는 소리도 들렸습니다. 아무것도 모르는 임금님은 기쁜 듯이 성으로 돌아갔습니다.

しらゆきひめ 白雪姫 백설공주

옛날, 어느 나라에 아름다운 공주가 있었습니다. 눈처럼 하얗기 때문에 모두는 그녀를 백설공주라고 불렀습니다. 어느 날 왕비가 갑자기 병으로 돌아가셨습니다. 매일 울고 있는 백설공주를 보고 임금님은 새 왕비와 결혼을 했습니다. 새 왕비는 매우 아름다웠습니다만 정말은 나쁜 마녀였습니다. 그리고 시간이 있을 때는 항상 마법의 거울을 보고 있었습니다. "거울아 거울아. 세상에서 가장 아름다운 사람은 누구?"라고 묻자 거울은 "물론 왕비님입니다."라고 대답했기 때문에 매우 기뻐했습니다.

그러나 어느 날 왕비가 거울에게 묻자, 거울은 "지금까지는 당신이 제일이었습니다만 지금 세상에서 가장 아름다운 사람은 백설공주입니다."라고 대답했습니다. 왕비는 얼굴이 빨개지며 화를 냈습니다. 바로 신하를 불러 "백설공주를 숲으로 데려가서 죽여라."라고 말했습니다. 그러나 신하는 귀여운 백설공주를 죽일 수 없어서 숲으로 도망치도록 말했습니다. 남겨진 백설공주는 숲 속을 혼자서 걷고 있었습니다. 그러자 먼 곳에 작은 집이 보였습니다. 백설공주는 서둘러 그 집까지 가서 똑똑 문을 두드렸습니다만 아무도 없어서 살그머니 안으로 들어갔습니다. 거기에는 테이블과 7개의 의자가 있었습니다. 테이블 위에는 빵과 스프와 과일이 놓여 있었습니다. 백설공주는 "아, 배가 고프다."라며 테이블 위의 것을 전부 먹어 버렸습니다. 배가 부르자 갑자기 졸음이 쏟아져 방 구석에 있는 침대에 누워 버렸습니다. 잠시 지나 백설공주가 눈을 뜨자 7명의 난쟁이가 침대 주변에 모여 있었습니다. "당신은 누구죠? 어디서 왔나요? 혼자인가요?"라고 말했습니다. 백설공주가 이유를 말하자 난쟁이들은 "정말 나쁜 왕비군요. 힘드셨죠? 쭉 여기에 계셔도 괜찮아요. 우리들과 함께 있어요."라고 말해 주었습니다.

그때 성에 있는 왕비는 거울에게 물었습니다. "거울아 거울아. 세상에서 가장 아름다운 사람은 누구?"라고 묻자 "숲 속에서 난쟁이들과 함께 살고 있는 백설공주가 역시 제일 아름다워요. 아아, 정말로 하얀 꽃 같아." 거울은 지금까지 이상으로 칭찬하였습니다. 그것을 들은 왕비는 화가 나서 자신의 손으로 백설공주를 죽이기로 하였습니다. 독이 든 사과를 만들어 사과장수가 되어서 난쟁이의 집으로 찾아갔습니다. 똑똑똑 문을 두드리자 바로 백설공주가 나왔습니다. 왕비가 "달고 맛있는 사과는 어떠세요? 하나 사 주지 않으실래요?"라고 말하자 백설공주는 "와아 정말로 맛있어 보이는 사과구나."라며 사서 바로 먹어 버렸습니다.

난쟁이들이 저녁에 집으로 돌아오자 백설공주가 쓰러져 있었기 때문에 대소동이 일어났습니다. 난쟁이들이 어떻게 해도 백설공주는 눈을 뜨지 않습니다. 난장이들은 계속 울었습니다. 그리고는 유리로 만든 관에 백설공주를 넣고 장례식을 치렀습니다. 마침 그때 이웃나라의 왕자님이 그곳을 지나갔습니다. 난쟁이들로부터 자초지종을 들은 왕자는 "불쌍하게도. 이렇게 아름다운 사람이 죽다니."라고 말하면서 백설공주를 안아 올리자 백설공주의 입에서 똑하고 독사과가 나왔습니다. "아아…."라고 말하며 백설공주는 눈을 떴습니다. 난쟁이들은 "다행이다. 백설공주가 눈을 떴어."라고 울며 기뻐했습니다. 왕자님도 아주 기뻐하며 백설공주를 성으로 데리고 갔습니다. 얼마 후 두 사람은 7명의 난쟁이들과 숲 속 동물들을 불러 결혼식을 올렸습니다.

그러나 아무것도 모르는 왕비는 또 거울에게 물었습니다. "거울아, 거울아. 백설공주는 이제 죽었어. 지금 세상에서 가장 아름다운 것은 나일 거야."라고 묻자 "아니요, 백설공주는 건강해져서 왕자님과 결혼했습니다."라고 대답했습니다. 왕비는 화가 나서 얼굴이 빨개졌습니다. "좋아, 이번에야말로 죽여 주지."라고 말하고는 나이프를 손에, 마법의 빗자루를 타고, 어두운 바다 위를 날아갔습니다. 그때 갑자기 하늘이 어두워졌습니다. 그리고 번쩍하고 번개가 치더니 왕비가 가지고 있던 나이프에 떨어졌습니다. 마녀 왕비는 그대로 바다로 떨어져 버렸습니다. 마법의 거울에 의해 세상에서 가장 아름답다는 말을 들은 백설공주는 그 후 상냥하고 아름다운 왕비가 되었습니다. 그리고 임금님과 함께 훌륭한 나라를 만들었습니다.

おおかみと7匹(ななひき)の子(こ)やぎ

늑대와 7마리의 아기염소

옛날 어느 마을에 엄마염소와 7마리의 아기염소가 살고 있었습니다. 어느 날, 엄마염소는 아이들을 위해서 숲으로 먹을 것을 찾으러 가기로 했습니다. 그래서 아기염소들에게 말했습니다. "얘들아, 엄마가 없는 동안에 나쁜 늑대가 올지도 모르니까 조심하렴. 집을 단단히 닫고 있어야 해. 알겠니?"라고 몇 번이고 말했습니다. "네, 엄마. 착실히 집을 지키고 있을 테니까 빨리 돌아오세요." 아기염소들은 말했습니다. 엄마가 나가고 잠시 지나자 늑대가 찾아왔습니다. 늑대는 "엄마다. 얼른 문을 열렴."이라고 말했습니다. 아기염소들이 "어라, 목소리가 이상해. 엄마 목소리가 아니야."라고 하자 늑대는 돌아갔습니다. 조금 지나서 이번에는 "엄마가 돌아왔단다. 선물도 있어요."라는 상냥한 목소리가 들렸습니다. 그러나 문 틈으로 검은 발과 긴 발톱이 보였기 때문에 아기염소들은 "엄마 목소리를 흉내내도 안 돼. 게다가 엄마 발은 하얗다고. 냉큼 돌아가." 큰 소리로 외쳤습니다.

늑대는 이번에는 숲 속 친구들에게 받은 하얀 밀가루를 발에 바르고 다시 나타났습니다. "엄마다. 늦어서 미안하구나. 자 어서 문을 열어 줘." "그럼, 발을 보여 주세요." 아기염소들이 문 틈으로 내다보자 하얀 발이 보여서 아주 기뻐했습니다. "엄마야, 엄마가 돌아왔어."라며 크게 문을 열었습니다. 그러자 늑대가 "어흥."하고 커다란 입을 크게 벌리고 들어왔습니다. “나는 지금 엄청 배가 고프거든. 모두 차례대로 먹어 주지.”라고 하고는 한 마리씩 붙잡고는 꿀꺽꿀꺽 삼켜 갔습니다. 막내만은 부들부들 떨면서 벽시계 안에 숨어 있었습니다. 늑대는 “아직 몇 마리인가 있을 거야.”라고 찾아다녔습니다만 보이지 않아서 포기하고 돌아갔습니다.

잠시 지나자 엄마가 돌아왔습니다. “어머, 이상하네. 문이 열려 있네. 무슨 일 있었나?”라며 집 안으로 뛰어들었습니다. 살펴보자 집 안은 엉망진창이고 아기염소들의 모습은 보이지 않습니다. “아이들이 늑대에게 잡혀먹혀 버렸어. 어떻게 하지.” 엄마는 울면서 아기염소들의 이름을 불렀습니다. 그러자 막내가 “여기에요. 여기에 있어요.”라며 벽시계 속에서 나왔습니다. 막내는 “늑대가 와서 모두 잡혀먹혔어요.” 벌벌 떨면서 말했습니다. 그것을 들은 엄마염소는 바로 밖으로 뛰어나갔습니다. 들판에 가자 늑대가 드르렁드르렁 코를 골며 자고 있었습니다. 살그머니 다가가서 보자 늑대의 배가 실룩실룩 움직이고 있습니다. 엄마염소는 “다행이다. 아기염소들은 아직 살아 있어. 아직 시간이 있어.”라고 안심했습니다. 그리고 막내 아기염소에게 말해 가위와 바늘과 실을 가져 오게 했습니다. 그리고 가위로 늑대의 배를 싹둑싹둑 자르자 6마리가 차례로 뛰쳐나왔습니다.

“아아, 다행이다.” 아기염소들은 이리저리 뛰며 기뻐했습니다. 엄마염소는 “자, 이번에는 우리들이 얄미운 늑대에게 가르쳐 주자. 모두 작은 돌을 모아 오렴. 빨리.”라고 말하자 아기염소는 모두 같이 많은 작은 돌을 주워 모아 왔습니다. 그 작은 돌을 늑대의 배 속에 집어넣고 배를 꿰매었습니다. 잠시 후 눈을 뜬 늑대는 목이 말랐기 때문에 우물로 갔습니다. “아아, 목이 마른걸. 어라, 이상한데. 어째서 이렇게 배가 무거운 거지.” 늑대는 혼잣말을 했습니다. 그리고 우물에 얼굴을 넣고 물을 마시려고 한 순간 몸이 기우뚱 쏠리면서 그대로 우물 속으로 떨어져 보글보글 가라앉아 버렸습니다.

三匹(さんびき)の子(こ)ぶた

아기돼지 3형제

옛날 어느 마을에 엄마돼지와 3마리의 아기돼지가 살고 있었습니다. 어느 날, 엄마는 아이들에게 말했습니다. "얘들아, 이제 어른이니까 스스로 집을 짓고 혼자서 살렴." 제일 위의 형은 일하는 것을 아주 싫어합니다. "에, 힘들 거 같아. 그럼 나는 가장 간단한 짚으로 집을 만들어야지."라며 천천히 일을 시작했습니다. 물론 짚으로 만든 집은 금방 완성되었습니다. "어때, 빠르지." 형은 동생들에게 자랑했습니다. 두 번째 형은 먹는 것을 아주 좋아합니다. "집을 짓기 시작하면 밥을 먹을 시간이 있을까."라고 걱정했지만 "아 맞다. 먹으면서 만들면 되지." 멋진 아이디어를 생각해 낸 모양입니다. "형과 같은 짚으로 만든 집은 바람이 불면 바로 쓰러져 버릴 거야. 나는 나무 집으로 해야지."라며 나무를 모으러 산으로 갔습니다. 산에는 과일과 나무 열매가 많이 있으니까 항상 먹으면서 일을 할 수 있었습니다. "다 됐다. 겨우 완성됐어. 나무 집은 튼튼할 것 같으니까 괜찮을 거야." 두 번째 형은 가슴을 펴며 말했습니다.

세 번째 막내는 항상 조용한 노력가입니다. "나는 바람에도 비에도 강한 벽돌 집을 지어야지."라며 무거운 벽돌을 하나하나 날랐습니다. 그것은 매우 힘든 일이었습니다만 막내는 땀을 뻘뻘 흘리면서 조용히 일했습니다. 그것을 보고 있던 형들은 "너는 거북이 같아. 그렇게 느리면 집이 완성되기 전에 늑대에게 잡혀먹힐 거야."라고 동생을 비웃었습니다. 막내는 말했습니다. "늑대가 와도 무섭지 않아. 절대로 무너지지 않을 튼튼한 집을 만들 테니까." 때때로 어디에선가 '우오~.'하고 늑대의 울음소리가 들려왔습니다만 막내는 아무 말도 하지 않고 열심히 일을 계속했습니다.

모두의 집이 완성된 날, 3마리의 아기돼지는 엄마돼지가 있는 곳으로 갔습니다. 엄마는 매우 기뻐하며 모두의 집을 보러 나갔습니다. 실은 그것을 늑대가 몰래 나무 그늘에서 보고 있었습니다만 아무도 눈치 채지 못 했습니다. 늑대는 히죽히죽 웃으면서 "맛있을 거 같은 돼지들이다. 어느 것부터 먹을까."라고 말했습니다. 돼지들은 아무것도 모르고 자기 집으로 돌아갔습니다. 늑대는 "저 짚으로 만든 집에 살고 있는 돼지부터 먹어야지. 짚으로 만든 집 따위 한 번 불면 되니까."라고 하고 형돼지의 뒤를 살그머니 따라갔습니다. 늑대는 짚으로 만든 집의 문을 똑똑똑 두드렸습니다. 형돼지가 살짝 밖을 보자 웬걸 늑대가 커다란 입을 벌리고 서 있는 것이 아니겠습니까? 형돼지는 깜짝 놀라서 이불 속으로 숨었습니다. "후우~." 늑대의 한 번의 입김으로 집은 날아가 버렸습니다. "우와~ 살려줘." 형돼지는 둘째의 집으로 도망갔습니다. "우리 집은 나무로 만든 집이니까 분명히 괜찮을 거야." 둘은 벌벌 떨면서 서로를 껴안았습니다. 늑대는 "이런 나무 집따위 간단해, 자 보라고."라며 나무 집에 몸을 부딪쳤습니다. 우지직 우지직 우지~직 나무 집은 무너져 버렸습니다. "누군가 살려줘. 늑대에게 잡아먹힌다~."

형들은 울면서 동생돼지의 집으로 도망쳤습니다. 늑대는 빨간 혀를 내밀면서 쫓아갔습니다. 그런데 동생돼지는 웃으면서 "아하하, 형님, 안심해요. 벽돌 집은 튼튼하니까 걱정하지 않아도 괜찮아요."라고 상냥하게 말했습니다. 배가 고픈 늑대는 벽돌 집에 있는 힘껏 부딪쳤습니다. 쿵, 쿠탕. 그러나 집은 끄떡도 하지 않았습니다. 오히려 늑대는 크게 다쳐서 울면서 산으로 돌아갔습니다.

赤(あか)ずきんちゃん
빨간모자

옛날, 어느 마을에 귀여운 여자아이가 있었습니다. 아주 좋아하는 할머니에게서 받은 빨간모자를 항상 쓰고 다녀서 모두 빨간모자라고 불렀습니다. 어느 날, 빨간모자는 엄마에게 심부름을 부탁받았습니다. "할머니가 아프시니까 과자랑 와인을 가지고 병문안 갔다 오렴. 도중에 놀거나 하지 말고 곧장 가야 한다." "네, 엄마. 다녀올게요." 빨간모자는 기뻐하며 갔습니다. 숲에 가자 배고픈 늑대가 살그머니 나타났습니다. "오호, 살쪄서 맛있을 거 같은 아이구나. 천천히 요리해 볼까."라고 혼잣말 했습니다. 그리고 상냥한 목소리로 "빨간모자야, 그렇게 급히 어디 가는 거니?" "할머니 병문안 가는 거야." "그렇구나." 늑대는 "좋아, 둘 다 나중에 천천히 먹어 주지. 기대되는걸."이라고 생각하면서 히죽 웃었습니다. "빨간모자야. 이것 봐. 예쁜 꽃이 잔뜩 피어 있어. 그리고 작은 새들도 노래하고 있단다." 늑대가 상냥하게 말하자 빨간모자는 "어머, 정말로 예쁜 꽃. 맞아. 할머니에게 가져가야지."라며 엄마가 한 말을 잊고 꽃밭에 들어갔습니다.

그 틈에 늑대는 급히 서둘러서 할머니 집으로 갔습니다. 늑대는 할머니 집에 도착하자 "할머니, 저 빨간모자예요. 병문안 왔어요. 어서 문을 열어 주세요."라고 빨간모자 흉내를 내며 말했습니다. 할머니는 그 말을 완전히 믿고는 "어머, 잘 와 주었구나. 어서 들어 오렴." 문을 열어주고 말았습니다. 늑대는 어흥하고 안으로 들어와 눈 깜짝할 사이에 할머니를 잡아먹었습니다. 그리고 할머니의 옷을 입고 모자를 쓰고는 할머니인 체하며 침대에 누워서 생각했습니다. "좋아, 잘 되고 있어. 다음은 빨간모자야. 빨리 안 오나."

빨간모자는 숲 속에서 잠시 놀았습니다만, 도중에 퍼득 생각이 나서 서둘러서 할머니 집으로 향했습니다. 그리고 할머니 집에 도착하자 "할머니, 안녕하세요. 빨간모자예요. 많이 늦어서 죄송해요."라고 말했습니다. 그러자 집 안에서 "응, 잘 왔구나. 어서 들어 오렴." 목소리가 들렸습니다. 집 안으로 들어가서 침대로 다가간 빨간모자는 할머니를 보고 깜짝 놀랐습니다. "할머니 귀가 왜 이렇게 큰 거죠?" 늑대는 시치미를 떼고는 "너의 귀여운 목소리를 잘 듣기 위해서지." "할머니 눈은 왜 그렇게 큰 거죠?" "너의 귀여운 얼굴을 잘 보기 위해서란다." "할머니 입은 왜 그렇게 큰 거죠?" "너를 한 입에 잡아먹기 위해서지." 큰 목소리로 말하면서 벌떡 침대에서 일어나서 빨간모자를 통째로 삼켰습니다.

배가 부른 늑대는 드르렁드르렁 코를 골면서 잠들어 버렸습니다. 할머니 집을 마침 지나가던 사냥꾼이 너무나도 큰 코 고는 소리에 놀라서 집 안을 들여다보았습니다. "어라, 어째서 늑대가 자고 있는 거지. 게다가 저렇게 배가 불룩해서. 그렇다면 저 늑대가 할머니를 잡아먹은 것임에 틀림없어."라고 하고는 집 안으로 살짝 들어갔습니다. 그리고는 바로 늑대의 배를 가위로 싹둑싹둑 잘랐습니다. 그러자 안에서 빨간모자와 할머니가 차례로 뛰어나왔습니다. "아 살았다. 정말 다행이다. 아저씨 고마워요." 빨간모자는 아저씨에게 고맙다고 말했습니다.

아무것도 모르는 늑대는 아직 잠이 든 채입니다. 그 틈에 세 사람은 급히 서둘러서 작은 돌을 모아 왔습니다. "자, 빨리 돌을 배 안에 넣자." 세 사람은 서둘러서 작은 돌을 채워 넣고는 실로 배를 튼튼하게 꿰맸습니다. 조금 지나서 늑대가 "아아, 잘 잤다."라고 크게 하품을 하면서 잠에서 깨어났습니다. 그리고 "어라, 어째서 이렇게 배가 아픈 거지. 이상하네. 목도 아프고." 혼잣말을 하면서 물을 마시러 근처에 있는 우물로 향했습니다. 우물을 들여다 본 순간 몸이 무거워서 풍덩 큰 소리를 내고 우물로 떨어져 버렸습니다. 세 사람은 그것을 보고 마음 놓고 안심했습니다.

アリババと四十人(よんじゅうにん)の盗賊(とうぞく)

알리바바와 40인의 도적

옛날, 페르시아의 작은 마을에 카심과 알리바바라는 형제가 있었습니다. 형 카심은 풍요롭게 살았습니다만 대단한 욕심쟁이였습니다. 한편 동생인 알리바바는 가난한 나무꾼이었습니다만 정직하고 부지런한 사람이었습니다. 어느 날 알리바바가 산에서 일을 하고 있는데 큰 말을 탄 도적들이 나타났습니다. 알리바바는 급히 나무에 올라 숨을 죽이고 모습을 살펴보았습니다. 그러자 갑자기 도적의 두목이 동굴 앞에서 한마디 외쳤습니다. "열려라 참깨!" 도적들이 차례로 훔쳐 온 보석과 금화를 다 운반하자 이번에는 "닫혀라 참깨!"라고 두목이 외쳤습니다. "자 빨리해라. 돌아간다."라는 두목의 명령과 함께 도적들은 휙 말을 타고, 바람을 가르며 사라져 갔습니다.

이 모습을 보고 있던 알리바바는 재빨리 나무에서 내려와 동굴 앞에 섰습니다. "저 두목과 같은 말로 외치면 어쩌면 바위가 열릴지도 몰라." 알리바바는 도적 두목의 흉내를 내서 "열려라 참깨!"라고 외쳤습니다. 그러자 동굴의 바위가 크게 열렸습니다. 알리바바는 숨을 삼키고 동굴 안으로 들어가자 거기에는 보물이 산처럼 쌓여 있었습니다. "우와, 대단해. 금화다.

보물의 산이야."라고 환성을 질렀습니다. 그곳은 도적들의 비밀의 은신처였던 것입니다. 알리바바는 옆에 있던 큰 자루에 금화와 보석을 가능한 한 많이 담고 집으로 가지고 돌아왔습니다.그리고 아내에게 일의 자초지종을 이야기했습니다.

며칠 후 이 이야기를 들은 형 카심은 알리바바를 추궁했습니다. "알리바바, 금화를 어디에서 가지고 온 것이냐. 자백해." 형 카심에게 질문 받은 알리바바는 어쩔 수 없이 모든 것을 이야기하고 말았습니다. 이야기를 듣자마자 카심은 말과 당나귀를 끌고 동굴로 출발했습니다. "열려라 참깨!"라고 하자 바위가 크게 움직이기 시작했습니다. "이거 대단한걸. 바위가 움직이다니." 카심은 크게 기뻐하며 안으로 들어갔습니다. "오오, 이거야말로 보물의 산이다. 전부 내 꺼야." 보물을 끌어안고 아주 기뻐하였습니다. 그러자 웬걸 그때 도적들이 동굴로 우르르 몰려들어 온 것입니다. 그리고 두목은 카심을 보자마자 "어이, 너냐? 보물을 가져간 것은. 비밀을 안 이상 살려 둘 수는 없지."라고 하고 순식간에 칼로 카심을 베어 버렸습니다.

두목은 "이 남자 외에도 반드시 패거리가 있을 것이다. 지금 바로 찾아내라. 빨리 찾지 않으면 이 비밀이 발각되어 버릴 것이다."라고 말했습니다. 도적들은 "최근 갑자기 부자가 된 놈은 없는가?"라고 거리에서 묻고 돌아다녔습니다. 그러자 마을의 구두장이가 "아 그리고 보니 알리바바가 최근 자주 물건을 사곤 하지 아마. 구두도 한 번에 3켤레씩이나 사고." 도적은 즉시 알리바바의 집으로 가 표시로 현관문에 X표시를 해 두었습니다. 그런데 그 광경을 가정부인 몰지아나가 보고 있었습니다. 도적이 없어지자 영리한 몰지아나는 분필을 가지고 온 동네의 집에 X표시를 하며 돌았습니다. "이걸로 괜찮을 거야. 이것이라면 알리바바님의 집도 모를 테니까."라고 안심했습니다. 그러나 알리바바의 집이 어딘지 모르게 된 두목은 펄펄 뛰며 화를 냈습니다. 그리고 또 구두장이에게 돈을 주고 알리바바의 집으로 안내하게 하였습니다.

다음 날, 기름장수로 변장한 두목은 40개의 기름 항아리를 준비하고 알리바바의 집을 노렸습니다. 사실은 정말로 기름이 들어 있는 것은 그 중 단 한 개의 항아리이고, 나머지는 도적들이 안에 숨어 있던 것입니다. "알리바바님. 나는 이웃나라의 기름장수입니다. 오늘 하룻밤 묵게 해 주시겠습니까?"라고 했습니다. 알리바바는 친절하게도 바로 승낙했습니다. 그러나 의심이 많은 몰지아나는 "뭔가 수상한 사람들이야. 불길한 느낌이 드는데. 주의해야만 해."라고 중얼거렸습니다. 밤이 되어서 램프의 기름이 떨어진 것을 안 몰지아나는 기름항아리가 놓여 있는 마당으로 갔습니다. 그러자 "두목님, 아직 나가면 안 됩니까?"라고 항아리 안에서 소리가 났습니다. 순간적으로 몰지아나는 두목의 흉내를 내고는 "아직이야. 이제 곧 이니까 거기서 조용히 기다리고 있어라."라고 말했습니다. 몰지아나는 지혜를 내서 항아리 안의 기름을 큰 냄비에 부글부글 끓였습니다. 그 기름을 부하들이 있는 항아리 안으로 부었습니다. 너무나 뜨거워서 부하들은 "아악."이라며 정신을 잃고 말았습니다. 잠시 후 기름항아리 안을 들여다 본 도적의 두목은 너무나도 놀라 부들부들 떨기 시작했습니다. 그리고 날듯이 도망쳤습니다.

おやゆび姫(ひめ)

엄지공주

옛날, 어느 곳에 여자가 혼자서 살고 있었습니다. 그녀는 홀로 사는 생활이 너무나도 쓸쓸해서 매일 신에게 기도했습니다. “귀여운 여자아이를 보내 주세요.” 그러자 어느 날, 신이 구름 속에서 나타나서 “이 씨를 심어 보거라.”라며 작은 씨를 주었습니다. 여자는 아주 기뻐하며 즉시 받은 씨를 심었습니다. 그러자 순식간에 아름다운 꽃이 피었습니다. 그리고 놀랍게도 그 안에는 귀여운 소녀가 오도카니 앉아 있었던 것입니다. 여자는 “어머나, 정말로 귀여운 아이구나. 엄지손가락처럼 작으니까 엄지공주라고 이름을 붙여 줄게.”라고 하고는 안아 올렸습니다. 여자는 바구니를 짜서 침대를 만들어 주거나 콩 덩굴과 나뭇잎으로 그네를 만들어 주거나 했습니다. 꽃잎을 많이 깔아서 놀게 하거나 접시에 물을 담아 그 속에서 헤엄치며 놀 수 있도록 했습니다.

어느 날 밤 엄지공주가 새근새근 잠을 자고 있을 때에 두꺼비가 몰래 들어왔습니다. “정말로 귀여운 아이로군. 개굴개굴. 내 신부로 삼고 싶구나.”라고 하고 침대 채로 엄지공주를 데리고 가 버렸습니다. 두꺼비가 사는 연못에 도착하자 연꽃잎 위에 놓고 놀게 하였습니다.

그러나 엄지공주는 두꺼비가 무서워서 울기 시작했습니다. 그 울음소리를 듣고 물고기와 게들이 모여들었습니다. "도대체 어떻게 된 거지? 왠지 여자아이가 매우 무서워하고 있어. 빨리 도와주자." 게들은 연꽃 줄기를 싹둑싹둑 자르고 하얀 나비는 덩굴을 엄지공주의 몸에 감고 쑥쑥 끌어당겼습니다.

거기에 이번에는 붕~하고 풍뎅이 한 마리가 날아왔습니다. "아 귀여운 아이구나. 내 신부로 해야지. 친구들에게 소개하자."라고 하고 엄지공주를 안아서 나무 위로 데리고 갔습니다. 그리고는 친구들 앞에서 "모두 어때. 귀엽지. 내가 발견해서 데리고 왔어."라고 득의양양하게 말했습니다. 그렇지만 친구들은 웃으며 상대해 주지 않습니다. "이 아이는 다리가 2개밖에 없고 어떻게 봐도 이상한 모습을 하고 있군."이라고 했기 때문에 풍뎅이는 실망해서 엄지공주를 두고 살그머니 어디론가 날아가 버렸습니다. 나무에서 내려와 숲 속을 걷고 있던 엄지공주는 너무나도 쓸쓸한 나머지 "엄마, 집으로 돌아가고 싶어요. 춥고 배도 고파요."라며 울기 시작했습니다.

나뭇잎을 깔고 침대를 만들거나 꽃을 먹고 며칠인가 보내는 동안에 차가운 바람이 불고 추운 겨울이 찾아왔습니다. 엄지공주는 나뭇잎을 몸에 감고 숲 속을 헤매고 있는데 멀리서 불빛이 보였습니다. 서둘러서 가 보니 그곳은 들쥐의 집이었습니다. "죄송해요. 도와주세요. 저는 배가 고파서 죽을 거 같아요. 뭐든 먹을 것을 좀 주시겠어요?"라고 엄지공주가 말하자 들쥐 아주머니가 나왔습니다. 그리고 "이렇게 추운데, 숲에서 길을 잃었구나. 얼른 안으로 들어오렴."이라며 엄지공주에게 맛있는 음식을 듬뿍 먹게 해 주었습니다. "아주머니 고맙습니다. 살았어요." "만약 좋다면 계속 여기에 있어도 괜찮단다." 엄지공주는 집안일을 거들면서 들쥐 집에 있기로 했습니다. 며칠인가 지나자 부자 두더지가 찾아왔습니다. "정말로 귀여운 아이로군." 두더지는 엄지공주를 한눈에 마음에 들어 했습니다. 그는 들쥐 아주머니와 엄지공주를 산책에 데리고 갔습니다. 그러자 한 마리의 제비가 다쳐서 쓰러져 있었습니다. 엄지공주는 내버려 둘 수 없어서 집으로 데리고 가서 상냥하게 병간호해 주었습니다. 제비는 건강을 회복해서 둥지로 돌아갔습니다.

마침내 따뜻한 봄이 찾아왔습니다. 엄지공주가 도와준 제비가 은혜를 갚기 위해 다시 엄지공주를 찾아왔습니다. "엄지공주님, 저를 살려주셔서 고마워요. 저와 함께 하늘 여행을 떠나지 않겠습니까?"라고 하자 "미안하지만 나는 두더지와 결혼하게 되어 버렸어. 신세를 진 들쥐 아주머니의 부탁이라서 거절할 수도 없어." 엄지공주는 대답했습니다. "당신 같은 귀여운 아이가 어두운 굴 속에서 이렇게 살아야만 하다니. 어서 제 등에 타세요."라고 말하고 남쪽 나라로 향해 날아올랐습니다. 엄지공주는 들쥐 아주머니 집을 향해 감사의 합장을 했습니다.

제비 등을 타고 산을 넘어 바다를 건너가자 꽃밭의 나라에 도착했습니다. 그러자 가장 큰 꽃 위에 꽃의 왕자님이 나타났습니다. "어서 오세요. 잘 오셨습니다." 왕자님은 금색관과 하얀 면사포를 엄지공주에게 선물했습니다. "왕자님, 고맙습니다." 이렇게 해서 서로 첫눈에 반한 두 사람은 얼마 후 결혼하기로 되었습니다. 결혼식 날 꽃밭의 천사들이 많이 와서 축하해 주었습니다. 천사들은 사랑하는 두 사람 위를 날면서 형형색색의 꽃잎을 뿌리면서 노래를 부르며 아주 기뻐하였습니다. 이렇게 하여 엄지공주는 여왕님이 되어 임금님과 언제까지나 행복하게 살았습니다.

ヘンゼルとグレーテル
헨젤과 그레텔

옛날, 숲 속에 나무꾼의 집이 있었습니다. 그 집은 아버지와 헨젤과 그레텔이라는 남매가 살고 있었습니다. 어머니는 병으로 예전에 돌아가셨습니다. 그 후 아버지가 결혼한 계모는 아주 심술궂은 사람이었습니다. 어느 날, 나라가 가뭄으로 음식이 먹을 수 없게 되어 버렸습니다. 그래서 계모는 "이대로라면 모두 굶주림으로 죽어요. 어쩔 수 없으니까 아이들을 버려요."라고 남편에게 이야기했습니다. 아버지는 죽을 정도로 반대했습니다만 아내에게 떠밀려 울며울며 승낙을 해 버렸습니다. 우연히 그 이야기를 들은 헨젤은 살그머니 밖으로 나가 작을 돌을 많이 주워서 주머니에 채워 넣어 두었습니다. 다음 날 아침, 계모는 "자, 산으로 일하러 가자."라고 아이들에게 말했습니다. 두 사람은 계모의 뒤를 따라서 갔습니다만 헨젤은 주머니에 채워 둔 작은 돌을 조금씩 길에 떨어뜨리며 갔습니다. 아무것도 모르는 그레텔은 "산에 가는 것은 오랜만이야. 기뻐."라고 크게 재잘거리며 따라갔습니다. 가까스로 깊은 산에 도착하자 계모는 "금방 돌아올 테니까 조금만 여기서 기다리고 있으렴."이라고 두 사람에게 말했습니다.

그러나 그 후 둘이 아무리 기다려도 계모는 돌아오지 않았습니다. 마침내 해가 저물어도 데리러 와 주지 않자 그레텔은 무서워져서 울기 시작했습니다. 헨젤은 "달님이 나오면 달빛으로 길이 보일 테니까 괜찮아. 반드시 돌아갈 수 있어." 올 때 놓아둔 작은 돌을 따라가며 집으로 돌아왔습니다. 두 아이가 돌아온 것을 안 계모는 얼굴이 굳어지며 "어머, 잘 돌아왔구나. 찾고 있었단다."라고 했습니다. 그러나 마음 속으로는 "도대체 어떻게 돌아올 수 있었던 거지?"라고 분하게 생각했습니다.

다음 날 나무꾼과 계모는 마지막 빵을 한 조각씩 아이들에게 주고 계모가 또다시 두 아이를 숲 속으로 데리고 갔습니다. 마찬가지로 아이들은 숲에 남겨져, 밤이 되어도 계모는 데리러 오지 않습니다. 올빼미는 호오호오 울고 박쥐는 푸드덕푸드덕 주변을 날아다녔기 때문에 너무나 무서운 나머지 그레텔은 울어 버렸습니다. 헨젤은 "걱정하지 않아도 돼. 그레텔. 괜찮아. 달님이 나오면 돌아갈 수 있으니까. 이번에는 빵 부스러기를 떨어뜨리고 왔으니까."라고 말했습니다. 달님이 나타나자 두 아이들은 즉시 온 길을 되돌아갔습니다만 떨어뜨린 빵조각은 어디에도 보이지 않습니다. 작은 새들의 먹이가 되어 버린 것입니다. 두 사람은 실망했습니다. 여기저기 걸어 돌아다니던 두 사람은 지칠대로 지쳐서 나무 아래서 잠들어 버렸습니다.

마침내 아침이슬이 두 사람의 얼굴에 똑하고 떨어져 작은 새의 지저귐이 들려올 때, 아이들은 눈을 떴습니다. 시냇물의 소리가 들려와서 그쪽으로 가 보니 작은 집이 보였기에 두 사람은 달려갔습니다. 가까이 가서 보니 웬걸 그것은 과자로 만든 집이었습니다. 아이들은 너무나 기뻐하면서 집에 달려들어 "아아 맛있다. 이런 거 처음이야. 아 기둥이 초콜릿으로 되어 있어. 게다가 지붕은 쿠키고 벽은 빵이야. 빨리 먹자."라고 하고 열심히 먹기 시작했습니다. 그러나 사실은 그것을 몰래 지켜보고 있던 할머니가 있었습니다. 할머니는 가지고 있던 지팡이를 흔들면서 "착한 아이들이구나. 이쪽으로 들어 오렴."이라고 문을 열어 주었습니다.

그리고 아이들이 안으로 들어오자 테이블 위에 있던 과일과 과자도 먹게 해주었습니다. 배가 부른 아이들은 바로 새근새근 잠들어 버렸습니다. 할머니는 헨젤을 살그머니 안아서는 다른 방에 가뒀습니다. 헨젤의 자는 얼굴을 보면서 "후후후, 이 아이는 딱 먹기 좋을 때로군. 맛있겠어. 하지만 조금 더 살찌우는 편이 더 맛있겠는걸."이라고 중얼거렸습니다. 무섭게도 이 할머니는 식인 마녀였던 것입니다. 마녀는 그레텔을 깨워서 즉시 부려 먹기 시작했습니다. "어서 숲으로 가서 장작을 주워 오너라. 그리고 물도 준비하고. 자. 이 남자 아이에게 음식을 많이 먹게 하는 거야. 마른 아이는 맛이 없으니까."라고 불의 지팡이를 가지고 명령하였습니다. 그레텔은 무서워서 마녀가 하라는 대로 하는 수 밖에 없었습니다. 마녀를 위해서 일하면서도 그레텔은 어떡해서든 헨젤을 도울 수 없을까하고 생각했습니다.

그러던 어느 날, 배가 고프게 된 마녀가 "지금부터 헨젤을 먹을 거니까, 아궁이의 화력상태를 보고 오너라."라고 말했습니다. 그레텔은 순간적으로 "어떻게 여는지 몰라요."라고 말했습니다. 마녀는 "아궁이의 여는 법도 모르다니. 너는 정말 쓸모없는 아이구나."라고 아궁이 속을 들여다 보았습니다. 그레텔은 그때 "그래, 지금이야."라며 마녀를 아궁이 속으로 밀어 넣고 아궁이의 입구를 탕 닫아 버렸습니다. 그리고 바로 그레텔은 헨젤을 방에서 꺼내 주었습니다. "위험했어. 하지만 이제 괜찮아. 무서운 마녀는 죽었어. 살아서 다행이야." 아이들은 서로 껴안고 기뻐하였습니다. 마녀의 집을 뒤로 하고 아이들은 손을 잡고 숲 속을 씩씩하게 걸어나갔습니다. 발이 아픈 것도 잊고 걸어가자 멀리서 그리운 집이 보였습니다. 무사하게 돌아온 아이들을 보고 나무꾼인 아버지는 눈물을 흘리며 껴안았습니다. 그리고 "내가 잘못했다. 하루도 너희들은 잊은 적은 없었단다. 용서해 주렴."이라며 계속 울었습니다. 계모는 이미 죽었습니다. 그 후 세 사람은 행복하게 살았습니다.

정답

초급 01 재크와 콩나무

01 ②

02 ①

03 ④

04 ①

05 ③

06 食べるものがなくなり生活がくるしくなったから

07 怒って、まめを窓から外に投げ捨ててしまった

08 朝から何も食べてないから動けないんだ。逃げるなら食べられたほうがいいよ

09 鬼が「さあ、私のために歌を歌うんだ。」と言ったから

10 ジャックが斧でつるを切ったから

tip

年としをとる 나이를 먹다, 늙다 | 怖こわい 무섭다
変かわる 변하다 | 逃にげ出だす 도망치다
友達ともだち 친구 | なぜ 왜 | どうして 왜

초급 02 성냥팔이 소녀

01 ①

02 ③

03 ②

04 ④

05 ①

06 ある家の玄関に座った

07 大きなストーブがあらわれた

08 「今夜も誰かが死んだのね。」と言った

09 少女のおばあさん

10 幸せな夢を見ながら眠っているようだった

tip

にぎやか 번화함, 왁자지껄함 | ハナ 꽃 | タバコ 담배
おもちゃ 장난감 | 人形にんぎょう 인형 | 食たべ物もの 음식 | 有名ゆうめい 유명함 | 温あたたかい 따뜻하다
どんな 어떤

초급 03 벌거벗은 임금님

01 ③

02 ③

03 ②

04 ①

05 ②

06 誰(だれ)にも負(ま)けないとても珍(めずら)しい服(ふく)

07 あんなすばらしい服(ふく)は初(はじ)めて見(み)ました。本当(ほんとう)にびっくりしました

08 ばかだと思(おも)われたくないので

09 国中(くにじゅう)の人(ひと)がこれを見(み)たらとてもびっくりするでしょう。きっと今(いま)まで見(み)たこともない服(ふく)だ、すばらしいと言(い)いますよ

10 王様(おうさま)がはだかで歩(ある)いている。パンツ一(いち)枚(まい)のはだかの王様(おうさま)だ。おもしろい

tip

~だけ ~뿐, 만 | 感動かんどう 감동함 | 逃にげる 도망치다

초급 04 백설공주

01 ④

02 ①

03 ②

04 ③

05 ②

06 森(もり)へ逃(に)げるように言(い)った

07 本当(ほんとう)に白(しろ)い花(はな)のようだと言(い)った

08 毒(どく)のはいったりんごを作(つく)り、りんご売(う)りになって小人(こびと)の家(いえ)を訪(たず)ねた

09 白雪姫(しらゆきひめ)は元気(げんき)になり、王子様(おうじさま)と結婚(けっこん)しましたと答(こた)えた

10 急(きゅう)に空(そら)が暗(くら)くなり、ピカッと雷(かみなり)が光(ひか)って、持(も)っていたナイフに落(お)ちてそのまま海(うみ)に落(お)ちていった

tip

生うまれる 태어나다 | 雪ゆきだるま 눈사람

まるい 둥글다 | 助たすけられる 도움받다

중급 05 늑대와 7마리의 아기염소

01 ④

02 ②

03 ①

04 ④

05 ③

06 森(もり)へ食(た)べ物(もの)をさがしに行(い)くため

07 声(こえ)が変(へん)だったので、お母(かあ)さんではないと思(おも)ったから

08 ドアのすき間(ま)から黒(くろ)い足(あし)と長(なが)いつめが見(み)えたので

09 ドアのすき間(ま)から白(しろ)い足(あし)が見(み)えたのでお母(かあ)さんだと思(おも)ったから

10 野原(のはら)で、ぐうぐうといびきをかいて寝(ね)ていた

tip

すみ 구석 | 全員ぜんいん 전원 | 池いけ 연못

중급 06 아기돼지 3형제

01 ①

02 ②

03 ④

04 ④

05 ③

06 一番簡単(いちばんかんたん)だから

07 風(かぜ)にも雨(あめ)にも強(つよ)いから

08 お前(まえ)はかめのようだな。そんなに遅(おそ)いと、家(いえ)ができる前(まえ)におおかみに食(た)べられちゃうぞ

09 こんな木(き)の家(いえ)なんか簡単(かんたん)さ。さあ、見(み)てろよ

10 大(おお)けがをしてしまい、泣(な)きながら山(やま)へ帰(かえ)って行(い)きました

tip

ところ 곳 | 末すえっ子こ 막내 | ～によって ~에 의해 | 選えらぶ 고르다, 택하다

중급 07 빨간모자

01 ②

02 ④

03 ②

04 ②

05 ③

06 おおかみが「きれいな花がいっぱい咲いてるよ、そして小鳥も歌っているね。」と言ったから

07 赤ずきんがお見舞いに来たと思ったから

08 とても大きないびきに驚いたから

09 おおかみのお腹をはさみでじょきじょき切った

10 水を飲もうとして、井戸をのぞいたとき

tip

~に着つく ~에 도착하다, 닿다 | のぞきこむ 목을 길게 빼어 들여다보다

고급 08 알리바바와 40인의 도적

01 ③

02 ①

03 ②

04 ③

05 ①

06 カシムは非常に欲張りで、アリババは正直で働き者

07 最近急に金持ちになった奴はいないか

08 町の靴屋が「そういえばアリババが最近よく物を買たりしているなあ。靴も一度に三足も買ってたし。」と言ったから

09 油売り

10 壺の中の油を大鍋でぐらぐらと煮立て、その油を子分達の壺の中に流し込んだ

tip

町まちの人達ひとたち 마을 사람들 | 仕方しかたなく 어쩔 수 없이 | ナイフ 나이프 | 包丁ほうちょう 부엌칼 | 性格せいかく 성격 | 追おい払はらう 쫓아버리다

고급 09 엄지공주

01 ④

02 ①

03 ③

04 ③

05 ②

06 「かわいい女の子を授けてください。」という祈り

07 親指のように小さいから

08 仲間達が「この子は足が二本しかないし、どう見ても変な格好をしているよ。」と言ったから

09 家に連れて帰ってやさしく看病してあげた

10 お世話になった野ねずみのおばさんの勧めだから断ることができなかったから

tip

ささげる (신불이나 윗사람에게) 올리다

고급 10 헨젤과 그레텔

01 ②

02 ②

03 ①

04 ④

05 ③

06 このままだとみんな飢えで死んでしまう。仕方がないから子供を捨てようよ

07 こっそり外に出て小石をたくさん拾い、ポケットに詰め込んでおいた

08 小鳥達のえさになってしまったから

09 魔女をかまどの中に突き飛ばし、かまどの口をぱたんと閉めてしまったから

10 涙を流して抱きしめた

tip

貧乏びんぼう 가난함 | 友人ゆうじん 친구

おんぶする 업다